IL N'Y A PAS BEAUCOUP D'ÉTOILES CE SOIR

Sylvie Testud

Il n'y a pas beaucoup d'étoiles ce soir

PAUVERT

A Restituta, Pascal e tutti quanti…

Ne demande ton chemin à personne,
tu risquerais de ne plus pouvoir te perdre.

Rabbi Nachman de Brastlav

1

Admise au Conservatoire ! Admise au Conserva-
toire ! Admise au Conservatoire !
Comme dans une chapelle, cette phrase raisonne.
Sylvie est admise au Conservatoire.
Ils ont tous fait le Conservatoire les grands.
Le « Conse ». C'est comme ça qu'on dit.
On dit le « Conse ».
La liste des anciens élèves est à tomber à la renverse !

C'est la rentrée au Conse.
2 bis rue du Conservatoire Paris 9ᵉ.
Le monde entier rêve d'entrer au Conse.
L'entrée du Conse est splendide.
Il faut vérifier sur les listes quand même.
On ne sait jamais... S'ils avaient changé d'avis.
« Ils » c'est eux.
Ceux qui ont fait le Conse. Maintenant, ils y ensei-
gnent, ils y décident, ils sont membres du jury.
Si « eux » ils disent non, tu rentres pas au Conse.

Ouf ! Mon nom et même mon prénom sont là, toujours à la même place.

Ils vont tout dire aux élèves pour que les élèves soient des bons acteurs et des bonnes actrices qui vont un jour jouer avec des bons metteurs en scène dans des bonnes pièces et des bons films.

Rentrée de la classe numéro 1, salle Louis Jouvet.
Il est connu lui, Louis Jouvet !
Ah oui, tiens, il y a sa statue dans le hall du théâtre du Conservatoire.
Le Conse a son propre théâtre.
Six cents places avec la meilleure acoustique de Paris.
Le Conse a une bibliothèque.
Les élèves peuvent emprunter des livres et des K7 vidéo.

S'il manque un « ouvrage » que la bibliothèque n'a pas et qu'un élève souhaite consulter, la bibliothécaire se chargera de le commander.
Il en ira de même pour les K7 vidéo.
Si un élève a manqué une pièce de la Comédie-Française, le Conse se chargera de lui fournir cette K7.
Le Conservatoire offre une bourse aux élèves qui n'ont pas beaucoup d'argent.
— Les petits boulots à droite à gauche, vous n'aurez plus le temps.
Il faudra désormais se consacrer aux textes.
Ça tombe bien, j'en avais marre de servir dans mon resto pourri déguisée en connasse.

La salle Louis Jouvet.

Trois cents mètres carrés un parquet sublime.

Six mètres de hauteur sous plafond.

Les murs sont entièrement boisés.

C'est plus beau que la bibliothèque Sainte-Geneviève. Je me dis.

Silence...

Au milieu des lumières, « Elle » est là.

La professeur de la classe numéro 1.

Une silhouette chétive, habillée de noir, les cheveux noirs.

Elle se tient assise sur les gradins à l'autre bout de la salle Louis Jouvet.

Les lumières laissent son visage dans la pénombre.

Les élèves restent debout près de la porte.

Douze élèves.

Nous regardons la silhouette au bout de la salle Louis Jouvet.

La silhouette ne bouge pas.

C'est tendu l'ambiance.

Ici pas de bizutage. Pas de fête pas de cérémonie. On n'est pas chez les pingouins, ça se sent direct.

Dieu que je suis impressionnée !

Une élève qui vient de Normandie ose fendre le silence.

Sa voix est claire et directe.

En Normandie, les élèves ont appris à ne pas être impressionnés ou quoi ?

Elle a subi un entraînement cette fille. Moi je lui décerne immédiatement la palme du courage !
– On entre ?
La silhouette fait un mouvement minuscule.
La fille normande a compris je ne sais pas comment.
Nous entrons.
Deuxième palme pour la Normande.

Les élèves viennent s'asseoir en arc de cercle devant la silhouette.
– Bonjour. Dit timidement une voix de garçon.
Il est suivi par les voix des onze autres bonjours.
On sent un peu les personnalités.
Certains élèves ont osé de vrais bonjours !
D'autres...
Le compte est bon. Douze bonjours ou au moins tentatives.

Le silence est de retour.
Il est si épais le silence qu'il se matérialise.
Il est gros. Il est lourd. Il est éclairé par les lumières de théâtre de la salle Louis Jouvet qui laissent des endroits noirs et des endroits très éclairés.

La silhouette bouge.
Elle lève la tête...
Ça a l'air de faire mal.
– Bonjour.
La voix rauque et très faible a retenti !
Je n'avais jamais fait attention au sens du mot bonjour.

C'est un bon jour.

Moi, je dis toujours « bonjour » d'une seule traite.

Elle vient de me le faire comprendre.

Je suis dans l'erreur, c'est un jour qui est bon. C'est le bon jour que l'on se souhaite !

L'apprentissage a déjà commencé.

Une voix de théâtre : magnifique.

Elle tend son doigt sans regarder, puis seulement après elle lève la tête.

— Toi. Elle dit à une fille.

Comment tu t'appelles ?

— Valérie.

Elle tend de nouveau son bras et lève ensuite la tête vers un garçon.

— Toi, comment tu t'appelles ?

— Frédéric.

Magique.

C'est ça, le geste avant la parole.

Il faudra que je m'en souvienne.

Quelle aura !

Moi j'aurais tout fait en même temps. Cela aurait été grossier.

Ils ont raison, elle est rare. C'est ce qui était écrit dans la revue de presse sur elle que j'ai vue à la bibliothèque. Elle est exceptionnelle ! Je n'ai jamais vu quelqu'un dire « bonjour » comme ça. Ni demander à quelqu'un son prénom de cette façon.

— Vous allez travailler *Le Misanthrope* de Molière.
La scène du bâton.
Puis elle change d'avis.
— Non vous travaillerez toute la pièce.
Nous travaillerons Molière tout le premier trimestre.
Elle se lève enfin.
Son corps est maigre, ses épaules basses. Elle est légèrement voûtée.
Elle traîne les pieds quand elle marche. Elle laisse ses mains pendre le long de son corps.
Aucune tension.

Elle nous parlera pendant une heure du programme.
Ceux qui viennent de l'école Florent ont encore plus de travail que ceux qui n'ont jamais rien fait avant.
Il leur faudra tout désapprendre.
Quand elle parle, elle module le son de sa voix.
Parfois elle commence une phrase très fort et la finit dans un murmure.
Parfois c'est l'inverse.
Parfois même, elle commence fort, s'arrête, murmure et puis recommence fort.
Et même, elle est drôle, elle nous piège.
Elle dit quelque chose, nous on attend la suite, et en fait, elle a fini.
Épatante !
C'est ça, c'est son nom : Épatante !

Épatante nous demande de nous présenter.
Elle écoute attentivement.

16

— Je viens de Bar-Le-Duc, j'ai fait du théâtre au lycée.

— J'ai passé un bac théâtre, ensuite j'ai monté une troupe de théâtre de rue avec Laurent Gromier.

— Ah... Laurent Gromier ? Comment il va ? Elle demande Épatante.

Il a de la chance lui. Il a fait plein de trucs... Et en plus Épatante connaît Laurent Gromier avec qui il a travaillé.

C'est au tour de Sophie de se présenter :

— Bonjour.

Je m'appelle Sophie Paquin.

Je viens de la banlieue parisienne, je prends des cours de théâtre depuis l'âge de treize ans.

Ensuite j'ai pris des cours chez Blanche Ballant.

— Ah, c'était bien ?

— Oui, c'était...

— Tu avais qui comme professeur ?

— J'avais Anne Verdi.

— Oui. Tu y étais l'an passé ? Tu as participé à son atelier sur *L'opéra de quatre sous* ?

— Oui.

Oh, la vache !

Je les ai à zéro. Ils ont tous fait plein de trucs. Il y en a un qui a vécu dix ans en Afrique. Un autre a joué dans des films dont un avec Miou-Miou quand il avait onze ans.

La Normande elle a joué au théâtre National de Béthune dans *La Mégère apprivoisée*. Elle faisait Catharina.

Encore un autre. Il a joué dans au moins dix pièces de théâtre, que Épatante a vues.

Ils ont tous eu des professeurs qu'elle connaît !

Et si j'allais pisser ? C'est bientôt mon tour, et ceux du cours Florent qui sont ici, sont tous après moi dans l'ordre de présentation ! Je ne veux pas commencer à désespérer Épatante qui a l'air ravie de sa classe !

Je n'ose pas demander à sortir.

Je la ferme et j'écoute.

J'écoute mon cœur qui normalement bat dans ma poitrine du côté gauche.

Là, il se déplace. Il est parti de sa place. Il est arrivé dans ma gorge.

D'ailleurs ça ne me laisse plus beaucoup de place pour respirer.

C'est la dernière fille avant moi.

— Bonjour, je m'appelle Simelka.

Oh putain ! Déjà rien que le prénom, elle nous a tués.

Simelka Viober.

— Comment va ton père ?

Épatante et Simelka se connaissent.

Simelka est la fille d'un auteur de théâtre très connu que bien sûr je ne connais pas.

Épatante a joué cinq de ses pièces.

Sortir pisser...

Épatante tourne ses yeux noirs vers moi.

J'étouffe.

Je ne sais plus tellement bien comment je m'appelle ni tellement bien dans quoi j'ai joué ni tellement bien dans quelle contrée lointaine j'ai vécu ni tellement bien pourquoi je suis ici et pas aux chiottes en train de pisser tranquillement.

Je suis rouge pivoine. Mes oreilles, dont une est décollée, sont en feu.

Est-ce que quelqu'un peut me balancer un saut d'eau froide sur la tête ?

J'ai envie de demander.

Je ne sais plus très bien comment on fait pour parler. Mais bon sang, d'où vient la voix ? Comment met-on sa langue dans sa bouche pour former un mot ?

Les élèves me regardent.

Je vais crever.

Je fais un effort. Ça y est. La mémoire me revient.

Dans quoi j'ai joué ? Dans rien.

Dans quel pays j'ai vécu ? La France.

Comment je m'appelle ? Sylvie.

De quelle école je viens ? Du cours Florent.

Je connais qui ? La fille qui va se présenter deux personnes après moi, elle sortait avec mon meilleur pote.

— Tu aimes ton corps ? Me demande Épatante.

— Ben... Euh...

— Tu fais du sport ?

— Ben, euh... Non, plus vraiment.

— Tu en as fait ?

J'ai failli répondre que j'avais fait du wind-surf et du ski, mais heureusement, quelque chose en moi m'a retenue.
Bon, c'est maintenant que je crève.
— Tu es musclée.
Allez, je crève.
J'ai honte.
Épatante conclut par :
— Une sportive... Il n'y a pas beaucoup de rôles pour une fille musclée chez Molière... C'est vrai que Madeleine et Armande Béjart n'ont pas dû faire beaucoup de ski.
Les gravures les représentent assez... potelées.

Ça ira, il y aura d'autres élèves plus rouges que moi, plus musclés et plus inemployables. On sera quatre. Les quatre amis de la classe numéro 1.

2

Une suite au Plaza.

Vue sur Central Park. Un papier à lettres made by the Plaza arrive dans ma suite.

Il y a écrit mon nom, mon prénom « in residence at the Plaza ».

Oh mon dieu, je suis impressionnée.

Je n'ai jamais dormi dans une chambre aussi luxueuse.

— Le patron du Plaza est le père du meilleur ami de mon fils... dit Élisabeth humblement.

Ah bon, je croyais qu'elle me prenait pour une star du showbiz. Je pense.

Bruce arrive.

Il a cinquante ans, les cheveux grisonnants, il n'est pas très grand, il n'est pas gros mais pas maigre.

Il a le look parfait du cinéaste juif new yorkais qu'on voit dans les films américains.

On s'entend tout de suite très bien. Quand je fais

une blague, il rigole beaucoup et ne fait pas trop de bruit. Il aime ma compagnie. Il est très drôle.

Il a du recul : sur les situations, sur l'Amérique, le cinéma. Il aime passionnément New York. Il est distributeur de films. Il connaît le cinéma français mieux que moi. D'ailleurs, il sort un film français cette semaine, une nouvelle copie de *Pépé le Moko*. Quand il me dit ça avec son accent, je trouve qu'il a quelque chose de très séduisant.

C'est un homme cultivé, il vit seul. Son ex-femme vit à Tokyo avec sa fille Sahra.

Je lui dis que j'irai bientôt à Tokyo tourner un film. Il écrit immédiatement le numéro de sa fille sur un bout de papier.

– Appelle-la, tu verras, elle a huit ans, elle est géniale.

Élisabeth est son associée et son opposé.

C'est une femme très longue, mince et timide. Elle ne comprend pas bien les blagues que nous faisons à longueur de temps Bruce et moi.

Son mari est un politicien. Elle a trois enfants, une nurse, une cuisinière et une femme de ménage. Elle aime passionnément le cinéma français. Elle a des amis influents.

Si elle ne faisait pas ça, elle s'ennuierait. Elle aime beaucoup Bruce.

Élisabeth me félicite. L'interview que j'ai donnée à la radio était formidable. Le journaliste est un des meilleurs, il est connu dans le monde entier.

Élisabeth connaît très bien l'histoire de New York et ses buildings. Elle m'explique l'histoire de chaque pierre et demande confirmation à Bruce chaque fois qu'elle avance quelque chose. Lui rajoute chaque fois une anecdote.

Ce soir Bruce propose que nous allions voir la reprise de la pièce de Mel Brooks. Il y a une nouvelle distribution. Il en rit d'avance.
— C'est la pièce la plus drôle que j'ai jamais vue !
Élisabeth sourit. Elle est d'accord.
Nous irons tous les trois ce soir.
En attendant, nous avons rendez-vous dans ma suite.
Bruce me montre la liste des journalistes qui se succéderont sur le canapé rouge de mon salon.
Élisabeth et Bruce s'installeront dans le petit bureau à côté. Ils ne me laissent pas seule, mais ils tiennent à ne pas déranger.
Nous commandons du thé, du café et un San Pellegrino.

Le premier journaliste est arrivé.
— Oh... vous fumez. Me dit-il très étonné.
— Oui. Je réponds.
— C'est vrai que les Français fument beaucoup...
Nous commençons l'interview.
Il pose des questions très intéressantes. Il a aimé le film ça se voit.
Il repart content. Je suis contente moi aussi. Élisabeth est souriante et discute avec le journaliste pen-

dant que Bruce fait entrer une femme du *New York Times* qu'il installe sur le canapé.
Il lui propose quelque chose à boire.
Elle choisit un jus d'orange.

Les interviews se succèdent dans ma suite. Les journalistes étaient tous très concernés. Ils ont beaucoup aimé.
Bruce me dit que tous respectent énormément le film et que je devrais venir tourner aux US.
Je ne dis rien.

Il est dix-huit heures.
La dernière journaliste entre.
La pièce est grande, mais j'ai quand même fumé plusieurs cigarettes.
Elle s'installe sur le canapé.
Elle ne veut rien boire.
Nous commençons.
J'allume une cigarette.
Sa voix est très éraillée, elle a même du mal à parler.
— Vous n'avez pas eu peur d'interpréter un tel personnage ?
— Je n'ai pas eu peur, mais j'étais angoissée. J'avais...
Je suis interrompue par sa quinte de toux.
— Ma cigarette vous dérange ? Je demande.
— Oui. Elle répond. Je suis allergique à la fumée.
J'écrase ma cigarette dans le cendrier.
— Cela vous ennuie si nous poussons le cendrier plus loin ?

— Non bien sûr.

Je me lève et vais poser le cendrier dans le bureau où se trouvent Élisabeth et Bruce.

Élisabeth semble paniquée de me voir entrer alors que je devrais être en interview.

Les deux lèvent les yeux de leurs papiers.

— Quelque chose ne va pas ? Demande-t-elle.

— Non, ce n'est rien. Elle n'a pas l'air allergique aux pots d'échappement, mais elle est allergique à la fumée de cigarette et aux cendriers.

Bruce éclate de rire sans bruit. Élisabeth est désolée.

— Je le savais, elle est très intelligente, mais très chiante ! (il me dit « chiante » en français)

Je repars dans mon salon.

La journaliste a un large sourire.

— Donc vous n'avez pas eu peur, mais vous étiez angoissée ?

— Oui. Vous savez, un personnage comme celui-ci est difficile à excuser. Cela dit, on peut essayer de le comprendre et...

— Excusez-moi, est ce que nous pouvons ouvrir la fenêtre ? L'odeur de cigarette est là et ça me déconcentre.

Elle a les yeux très rouges.

— Je ne crois pas qu'on puisse ouvrir les fenêtres, mais je vais demander.

Je me lève et je fais une nouvelle intrusion dans le bureau de Bruce et Élisabeth.

— Excusez-moi, vous pensez qu'on peut faire ouvrir une fenêtre ? La journaliste est en train de crever.

— Non. Je ne crois pas qu'on puisse. Dit Élisabeth qui est à présent très désolée.

Elle se lève et entre dans le salon très gênée.

— Je suis désolée, nous ne pouvons pas ouvrir les fenêtres, c'est de l'air conditionné et les fenêtres sont bloquées...

La journaliste suffoque presque. Ses yeux sont rouges sang, il ne lui reste qu'un mince filet de voix qu'elle réussit néanmoins à utiliser pour demander :

— Y a-t-il une autre pièce dans laquelle vous n'avez pas fumé ?

Élisabeth attend ma réponse terrorisée. Est-ce qu'elle a fumé de partout ? Elle se demande avec angoisse.

— Je n'ai pas encore eu le temps de fumer dans ma chambre ni dans la salle de bain. Je dis.

Bruce éclate de rire franchement cette fois. Son rire ressemble à celui d'une jeune fille de quinze ans. Très aigu et retenu. Ses yeux pleurent quand il rigole et il devient plus rose. Élisabeth a failli tomber raide. D'un petit rire poli, elle fait passer la plaisanterie.

Heureusement qu'elle était là Élisabeth ! La journaliste a compris par son rire poli que c'était une plaisanterie, à laquelle elle répond par le même rire.

Un dialogue de rires.

Élisabeth est rassurée. La journaliste lui a formulé par sa réponse que tout allait bien, qu'elle avait de l'humour et que nous pouvions continuer.

Nous finirons l'interview dans ma chambre assises chacune à un bout du lit.

Lorsque la journaliste s'en va, elle me remercie, me dit qu'elle a ce qu'il lui faut pour rédiger son article.

— Vous parlez très bien l'anglais, félicitations. Me dit-elle.

— Son article sort demain matin dans le *Village Voice*, me dit Bruce quand nous sommes sur Broadway en attendant d'entrer dans le théâtre.

Élisabeth est allée retirer les invitations au contrôle.

Je fume une cigarette.

La pièce est très drôle. Cela se passe dans le bureau d'un producteur de cinéma qui voit défiler toutes sortes d'acteurs désireux de travailler.

Bruce rit beaucoup. La nouvelle distribution est formidable, la salle est en délire.

Nous remontons Broadway tous les trois. Ils me déposent au Plaza, Bruce propose un concert de jazz dans une heure. Élisabeth doit rentrer, je suis épuisée.

— Je viendrai prendre mon petit-déjeuner avec toi si tu veux et je t'apporterai les articles qui sortent demain.

— D'accord. À quelle heure ?

— 9 heures 30 ? Le premier journaliste arrive à 10 heures 30.

Je sors de ma douche, j'enfile un costard noir, une chemise blanche Yukitorii et des pompes vernies de chez Prada.

J'ai faim. Il est 9 heures 25, on frappe à ma porte.

C'est le room service.

Ils sont deux. Ils poussent deux tables à roulettes sur lesquelles se trouvent le petit-déjeuner de Bruce et le mien.

J'ai demandé du café, une orange pressée, du fromage blanc sucré, une Evian froide, du pain, du beurre et du fromage.

Sur la table de Bruce il y a du thé, du lait, un bol de Corn flakes et des fraises.

Bruce arrive à point. Il donne cinq dollars à chacun.

– Merci.

Il referme la porte et me tend un journal.

Nous nous asseyons chacun derrière notre table.

Bruce se retient de rire. Il se sert du thé et rigole en voyant ma table.

– Moi si je mange tout ce qu'il y a sur ta table, dans une semaine je suis si gros que je ne passe plus les portes de l'ascenseur !

J'allume une cigarette.

Je regarde le journal. C'est l'article du *Village Voice*.

Il y a ma photo. Au-dessous, en gras :

« Elle a vingt-neuf ans, elle est française, elle fume comme une cheminée. »

3

Il est discret Calou.

Il est électro.

Nous tournons depuis un mois et je n'ai jamais vu Calou discuter avec personne.

Il n'a jamais utilisé sa voix que pour appeler son chef.

Le chef électro.

Le chef s'appelle Rachid.

Plutôt que de parler fort, Calou parcourt volontiers les centaines de mètres du plateau. D'une voix grave et à peine sortie, presque un murmure, Calou appelle l'« Émir ».

C'est comme ça qu'il appelle Rachid, lui Calou. Il l'appelle l'« Émir. »

Calou aime l'Émir.

Pendant longtemps j'ai cru que Calou n'aimait que L'Émir.

Calou, son nom c'est Pascal. L'Émir l'appelle Calou.

Une ou deux fois à peine, j'ai vu ses yeux.

Je l'observais avec tant d'insistance qu'il s'est senti gêné. Il a levé ses yeux sur moi.

Ça lui a demandé un effort.

Calou est timide.

Il n'est pas le genre de gars à parler avec les actrices, lui. Ça se voit tout de suite.

Il préfère une mousse, l'Émir ; trois potes et c'est marre.

Les actrices, il ne sait même pas combien il en a vu dans sa vie...

Avec combien d'actrices il a discuté ? Ça oui il le sait : une. Lors de son premier film. Une pétasse.

Lui il aime les belles femmes qui ont de la classe et qui savent se tenir.

Il aime Catherine Deneuve, Ava Gardner et Zaza Gabor.

Mais les actrices françaises qui sont même pas belles et qui se prennent pour Marilyn lui... Ça lui rase la casquette à Calou.

Préfère même pas regarder. Même pas faire attention.

Préfère déconner avec l'Émir et une mousse.

Son travail c'est de mettre les projecteurs dans la bonne position.

L'Émir lui a dit de le mettre là. Il le met là.

Il doit aussi brancher des fils, vérifier pourquoi ce fluo ou cette lampe ne marche pas.

Il fait beaucoup d'aller-retours.

Il souffle quand il marche.

Il grommelle.

Il se parle !

Au bout d'un mois, je me rends compte qu'il dit

plein de trucs dans la journée. Même si c'est à lui qu'il parle, il parle.

Au prochain passage, je vais essayer d'écouter ce qu'il dit.
Il passe très vite et j'entends quelque chose de ses murmures :
– « ja... pé... ais. »
En quoi il parle ? Je ne sais pas. En tout cas, ce sont bien des sons.
C'est rassurant.
Je vais pouvoir relâcher mon attention. Calou n'est pas malheureux.
Il fait son travail. Il marche beaucoup, il regarde ses pieds, il appelle l'Émir et il grommelle.

La lumière est en place. Nous pouvons tourner.
En japonais.
Nous sommes à Paris. — La Défense, nous tournons en japonais.
Calou ne parle pas lui. Ni en japonais ni en français.
Il est resté coincé, piégé entre deux pieds de projecteurs. Il ne peut plus passer.
La caméra tourne.
– Partez ! Dit le réalisateur.
– Mimoshinakkatta noyo kitto itchimai itcimai hakattan dakala.
Calou est dans mon champ de vision, il se trouve presque en face de moi.
Quand je parle à ma partenaire, je vois Calou.

Quand je regarde un tout petit peu à côté de ma partenaire, je regarde Calou.

Il fait partie de la scène.

Calou est très gêné. Il est tout rouge. Il cligne des yeux sans cesse. Il se dandine et il fait des moues que je traduis par : « Oh quel con, mais quel con... »

Il a très peur que je gueule.

— Mais qu'est-ce qu'il fout là ce crétin !

La scène se termine.

Le réalisateur a dit :

— C'est un délice.

On fait encore plus serré.

Les lumières n'ont pas besoin d'être déplacées, personne ne bouge. Calou lui est carrément médusé.

S'est-il transformé en statue de sel ?

D'un coup il dit dans sa barbe :

— Bfffou... Tout en japonais mon vieux...

Je suis époustouflée. J'ai compris toute la phrase.

Je me demande si c'est à moi qu'il s'adresse.

Je ne suis pas l'Émir, ni ses potes et je ne bois jamais de mousse.

— Oh ça doit ête dur l'japonais.

Deuxième phrase.

Il a un accent de titi parisien à couper au couteau.

Il ne me regarde pas, mais c'est bien à moi qu'il s'adresse !

Je me sens si flattée. Peut-être qu'il trouve que je ne suis pas une pétasse ?

Je cherche immédiatement quelque chose à lui répondre.

Il a engagé la conversation j'en suis consciente.
Je ne trouve rien d'autre à répondre :
— Oui j'en ai chié.
Oh quelle classe. Je suis sûre que c'est ce que répond
Catherine Deneuve quand on lui pose une question
sur la difficulté de son métier.

Calou est transformé par tant de distinction. Il rit.
D'un rire très discret. Il est tout rouge. Je m'aperçois
qu'il a de belles dents blanches et alignées. Ses
épaules sautent et il secoue sa main. Pour Calou
quand ça rit ça barde.
Je suis entrée dans le cercle très restreint de la bande à
Calou je crois.
Quand nous avons fini la scène nous sortons faire
une pause.
Calou en sort une de son paquet de Marlboro rouge.
Il me tend une cigarette. Je fume des Marlboro
lights, mais j'ai trop peur de briser une si belle amitié.
Je la prends.
Nous fumons.

— Comprends pas... Chaque fois que je finis la
tapisserie chez moi, elle se casse ma femme...

Il a dit ça à moi.

— Tu lui as dit Calou que si elle sortait avec un
chômeur elle aurait une moins belle tapisserie mais
tu serais plus souvent là ?

Calou m'a fait un grand sourire avec ses belles dents.
— Oui. Elle a fait la gueule mon vieux...
Nous finissons le tournage.
La femme de Calou n'est pas partie, il a une tapisserie magnifique. Ils ont dû partir en vacances avec leurs deux enfants.

Moi aussi je suis partie en vacances.
La semaine dernière, j'ai commencé un autre film avec une nouvelle équipe.
Je suis arrivée sur le plateau pour tourner.
J'avais le trac. Dans un coin du plateau, il y avait Calou qui osait à peine me regarder.
Je suis venue lui dire bonjour. Ça me faisait plaisir qu'il soit là Calou.
J'ai dit :
— Comment va ta femme ?
Il a dit :
— Offffffff... Elle m'emmène les gosses dans tous les cirques. Tu vois pas qu'ils rentrent les mômes et qu'un me dise qu'il veut être clown, et l'autre jongleur... Pffffff.
Il souriait.
Il a regardé à droite et d'un coup de menton m'a montré que je devais regarder là-bas.
J'ai tourné la tête. Il y avait Rachid.
— T'as vu l'Émir ? Il a demandé Calou.

4

Il fait froid ! Il fait très froid ! Il fait trop froid ! Le 12 décembre. Deux heures du matin.

Soixante personnes ont de la fumée qui sort de leur bouche. Les membres de l'équipe du film fument en parlant. C'est à cause du froid. Un froid polaire. Les soixante personnes de l'équipe semblent avoir des visages en carton. C'est à cause du froid qui leur fige la figure.

Les soixante sont en boots de montagne, en cache-nez, en bonnet, en pulls de laine polaire, en gants et anoraks.

Ce sont des nuages de vapeur qui sortent de leur bouche. Il y a même de la fumée qui sort de leur nez.

Nous sommes dans la rue. Aujourd'hui, le film, c'est dans la rue qu'on le tourne.

Martin et moi, nous sommes les acteurs du film.

Nous sommes au bord des canaux d'Amsterdam.

Martin et moi devons marcher dehors. La caméra est montée sur des rails aujourd'hui.

Quand on tourne des films, parfois il y a des scènes qui nécessitent des mouvements de caméra particuliers. Pour que le film soit bien, ça arrive que la caméra soit obligée de se déplacer pour suivre les acteurs : la caméra doit se déplacer parce que les acteurs doivent marcher. C'est le cas aujourd'hui : les acteurs doivent marcher dans la scène. C'est le réalisateur qui a demandé ça.

Le cadreur pourrait avoir la caméra posée sur son épaule, et marcher avec les acteurs. C'est possible ça. C'est possible, mais après, à l'écran, ça se voit que c'est « caméra à l'épaule ». C'est comme ça qu'on dit. « Caméra à l'épaule », ça donne un style que le réalisateur ne veut pas pour cette scène.

En plus les acteurs doivent marcher longtemps. Le cadreur ne pourrait pas regarder dans l'œilleton pour filmer et marcher de façon régulière à coup sûr pendant longtemps.

Le cadreur risquerait de sa casser la figure et par la même occasion de casser la caméra.

Déjà que le perchman qui enregistre le son des pieds qui marchent dans la rue est tombé et a endommagé sa perche...

La caméra coûte trop cher. On ne peut vraiment pas prendre ce risque.

Pour éviter de casser la caméra à cause du cadreur qui tombe, et éviter le style « caméra à l'épaule », on a trouvé une autre solution.

Les gens qui font du cinéma ont inventé un autre moyen. Ils ont copié les voitures.

Les voitures se déplacent. Les voitures se déplacent vite et pourtant, elles se déplacent de façon régulière ! Un jour, un type a regardé les voitures. Le type a eu une idée :

Il a mis des roulettes à sa caméra. Il n'a pas mis des grosses roues sinon ça prenait trop de place. Il s'est dit que les roulettes c'est mieux.

Malheureusement il a vu qu'avec les graviers et les saloperies qui traînent dans la rue, ça bloque les roulettes.

Alors il a observé les trains. Les trains aussi se déplacent vite. Ils se déplacent de façon encore plus régulière que les voitures. Le type a alors eu l'idée de mettre les roulettes sur des rails.

La caméra se comporte donc à présent comme un train. Sauf que la caméra se déplace lentement parce que la locomotive, c'est un homme qui pousse.

L'autre différence c'est qu'on peut pas monter dans le train. On doit marcher à côté.

Ce système inventé par ce mec s'appelle un travelling.

Le travelling c'est bien. Ça fait de belles images, mais parfois quand il y a un travelling, pour les acteurs c'est difficile.

C'est difficile, parce que les acteurs doivent marcher... marcher... parler... marcher... encore marcher... Hop ! enjamber le premier rail... marcher...

Parler... marcher... Hop ! enjamber le deuxième rail... et continuer leur route en marchant et en parlant.

Les acteurs doivent faire tout ça en faisant semblant qu'ils font rien.

Je me suis dit un jour que c'est dégueulasse.
Je suis actrice et moi aussi ça m'arrive d'avoir à marcher... marcher... Hop ! enjamber le premier rail... marcher... Hop ! enjamber le deuxième, et... personne ne le sait que c'était dur !
Une fois je devais marcher au milieu des deux rails.
Comme dans les rails de trains, dans les travellings, il y a des petites barres tous les cinquante centimètres pour que les rails soient parallèles.
Je devais marcher en face de la caméra qui roulait à reculons. Je devais faire des pas réguliers de cinquante centimètres très précisément. Ça m'a demandé beaucoup de travail parce que mes pieds ne marchent pas toujours à cinquante centimètres l'un de l'autre.
Il a fallu entraîner mes pieds et c'était pas si simple.
Après des efforts, nous avons réussi la scène avec mes pieds.
Eh ben je me souviens que quand j'ai vu le film avec ma sœur, elle n'a même pas vu comme j'avais bien réussi ! Elle ne s'est même pas rendue compte que je marchais au milieu des rails en posant un pied tous les cinquante centimètres ! Elle a rien vu de spécial ma sœur !
Elle croyait que je marchais dans la rue !
J'étais écœurée. J'étais si fière de ma scène du travelling. Je me suis dit que vraiment à quoi ça sert de se casser la nénette par moment ! Non mais je te jure...

Aujourd'hui, pareil. C'est une scène difficile : il y a un travelling.

On tourne de nuit. C'est la fin du tournage. Dans l'équipe, on est tous très fatigués. Il est tard, on n'y voit rien et en plus on a les yeux qui pleurent à cause du froid glacial de cette nuit d'hiver.

Déjà que Martin s'est pris les pieds dans le travelling tout à l'heure parce qu'il l'a pas bien vu... Il s'est fait très mal Martin ! Il est fatigué et il souffre du pied.

Maintenant c'est moi qui n'arrive plus à parler comme il faut à cause des glaçons qu'elle m'a mis dans la bouche la maquilleuse.

— On n'a pas tellement bien compris ce que t'as dit. Il m'a bien articulé l'ingénieur du son.

Ils sont vachement trop froids ces glaçons ! Ça commence à me paralyser la gueule !

La maquilleuse me donne des glaçons pour me refroidir la bouche. On doit la refroidir, parce qu'elle est à trente-sept degrés et dehors il fait moins neuf, alors forcément dès que je l'ouvre pour parler, je fais de la buée.

— C'est vrai que ça marche plutôt bien pour la bouche, les glaçons. Je dis. Mais regarde mon nez !

Il y a de la petite fumée qui sort de mon nez ! C'est pas normal ça ! Je n'ai pas de fumée qui sort de la bouche alors que j'ai de la petite fumée qui sort de mon nez !

Je regarde Martin qui s'en fout complètement. Il

est crevé. Il a mal au pied. Il croit qu'il s'est cassé les orteils.

– Quand même, pas tous les orteils. Il lui dit le deuxième assistant.

Martin dit qu'il ne sait pas parce que ses pieds sont gelés. Il sent seulement que c'est un peu cassé là-dedans.

Moi aussi j'ai les pieds gelés. C'est à un point que si on me les cassait, je ne le sentirais même pas. Je pense.

J'ai l'impression d'avoir deux bouts de bois à la place des pieds. Je déplace mes pieds comme je peux. Je frappe le sol pour être sûre que je les ai bien posés à plat et pas en travers. J'ai peur de me tordre la cheville.

Martin a l'air d'aller mieux.

– On va pouvoir se remettre en place ! Elle dit la première assistante.

Je lâche mes chaufferettes. Je les remets dans mes poches.

Les chaufferettes, ce sont des petits coussins remplis d'une matière qui se met à chauffer quand on la secoue.

Les chaufferettes, c'est ce qui empêche mes mains de geler. Je tiens mes chaufferettes comme un trésor dans mes mains. Il n'y a qu'un endroit de mon corps qui est un peu chaud.

C'est mes mains. C'est grâce aux petits coussins magiques qu'on m'a donné.

L'habilleuse vient me retirer ma grosse doudoune dans laquelle je n'avais déjà pas si chaud.

Sans ma doudoune, je suis en robe. J'ai les bras nus avec une écharpe de soie très jolie mais très peu chaude sur les épaules.
L'habilleuse retire la doudoune de Martin qui se retrouve en chemisette dans la nuit froide d'Amsterdam.
Il en a marre ça se voit. Déjà qu'il a mal aux orteils. Déjà qu'il est fatigué. En plus il crève de froid. Non. Là il en a marre.
— Glaçon. Dit la maquilleuse un cube de glace à la main. Elle tend le cube de glace.
Martin mange le glaçon.
— Glaçon, Sylvie. Je mange le glaçon.
Et pour mon nez ? J'ai envie de demander. Mon nez va continuer avec cette fumée ?

— Moteur. On sent qu'il crève de froid le réalisateur.
Martin et moi on saute en l'air sans arrêt pour se réchauffer. Martin saute à cloche pied.
— Le pauvre Martin. Ça se trouve, quand il verra le film avec sa sœur, elle s'apercevra même pas qu'il avait mal aux orteils dans cette scène. Je pense.
— Tourne. Il dit de derrière l'écharpe l'ingénieur du son.
Martin et moi on saute toujours en l'air.
— Action.

41

Martin et moi on arrête de sauter en l'air. On se plie en deux. On crache nos glaçons qui nous empêcheraient de parler si on les gardait.

Martin et moi, on se redresse.

On marche.

Martin et moi on sourit. On est content de se promener au bord des canaux d'Amsterdam en robe et en chemisette depuis huit heures du soir.

On est deux fois plus contents, parce qu'on sait qu'on va se promener au bord des canaux jusqu'à six heures du matin.

— Coupé. Il dit le réalisateur. L'habilleuse court sur nous pour nous redonner nos doudounes à Martin et à moi. Elle court bizarrement à cause de ses Moon boots.

— Ça se sentait trop cette fois que vous aviez froid. Il dit le réalisateur.

— Alors il faut vraiment rien faire savoir de ce qui se passe ici ma parole ? J'ai envie de lui demander au réalisateur, moi !

On peut pas sentir que notre bouche est à trente-sept degrés, on ne peut pas savoir qu'on marche, hop ! un rail. On ne peut pas savoir qu'on a froid...

Mais c'est vraiment de l'arnaque ! Les spectateurs vont voir un ramassis de mensonges.

— Non, on sent vraiment le froid, en plus Sylvie, tu as le nez vraiment trop rouge. Il est désolé d'avoir à nous dire ça le réalisateur. Mais faut bien que quelqu'un nous le dise.

Je ne sais plus quoi faire moi avec mon nez. Déjà qu'il fait de la petite fumée ! En plus maintenant il est rouge.

— Je vais lui mettre du vert. Elle dit la maquilleuse.

Elle va donc me maquiller le nez en vert. Ça va faire drôlement beau. Je pense.

Là, à mon avis ma sœur va se douter de quelque chose si elle me voit dans une scène avec le nez tout vert. Ça, elle le sait que mon nez n'est pas vert.

La maquilleuse m'explique que le vert efface le rouge à la caméra et ne passe pas à l'image.

De toute façon, au point ou j'en suis, je ne polémique même pas.

Je regarde la couleur que la maquilleuse va chercher avec son pinceau.

— Mais dis donc, je pense à un truc. Je dis quand même à la maquilleuse. Le vert ne passe pas à l'image ?

— Non.

— Et Hulk alors ? Il n'est pas vert à l'image ?

La maquilleuse n'a même pas envie de m'expliquer à cette heure tardive. Elle attrape la couleur avec son pinceau.

Je regarde ce vert. Elle pourrait quand même m'expliquer...

C'est vraiment vert cette couleur qu'elle attrape avec son pinceau ! Comme le monstre « Hulk » que je regardais à la télévision quand j'étais petite.

43

Pourquoi était-il vert dans ma télé, si le vert ne passe pas à l'image ?

C'est peut-être pour ça qu'il était si énervé.

On lui a dit que le vert ne passait pas à l'image.

Quand il s'est vu, il a eu les boules.

Après le premier épisode, il ne pouvait plus changer de couleur. Il a fait toute la série tout vert. Je me souviens que j'ai regardé de nombreux épisodes, plusieurs années de suite. Le pauvre... Toutes ces années en vert.

Moi c'est seulement le nez. Seulement cette nuit.

La maquilleuse a des gestes beaucoup moins précis que dans sa loge. La maquilleuse doit retirer son bonnet péruvien dans la nuit froide d'Amsterdam. Les oreillettes de son bonnet lui tombent dans la figure. Elle ne peut plus voir mon nez.

Elle a une grosse mallette-caisse à outils qu'elle pose par terre. Dans la loge, la maquilleuse a une jolie mallette de maquilleuse. Là non.

La maquilleuse essaie d'ouvrir sa caisse.

Les fermetures coincent. Elle s'y reprend à cinq fois pour ouvrir la première serrure.

Je regarde ses mains.

— Oh la vache ! T'as vu tes doigts ? Je lui dis.

Les doigts de la maquilleuse ressemblent à des petites saucisses d'apéritif.

La maquilleuse en a les larmes aux yeux.

— J'ai beau porter des mitaines, je n'arrive pas à me réchauffer les doigts. Elle me dit presque en larmes.

Avec des gants, elle ne pourrait pas faire les retouches. C'est difficile de tenir un pinceau avec des gants. Ce n'est pas possible de remettre du mascara en moufles.

La pauvre, elle a les doigts très mal en point.

— Pourquoi tu ne demandes pas des chaufferettes ? Je lui demande.

Les chaufferettes ont un désavantage. Les chaufferettes font les mains sales.

La maquilleuse ne peut pas se permettre d'avoir les mains sales pour maquiller une figure.

La maquilleuse ouvre enfin sa boîte à outils.

— Putain ! J'y vois que dalle. Elle commence à en avoir plein les bottes elle aussi.

Je baisse les yeux. C'est vrai qu'on n'y voit rien là-dedans. On voit même pas les objets !

Comment elle va faire pour ne pas se tromper de poudre ?

La maquilleuse fouille dans sa mallette. Elle finit par sortir un pot.

— C'est du vert aussi la poudre ? Je demande.

Ben oui c'est du vert. Elle a trouvé la poudre verte dans le noir !

Je suis retournée face au projecteur. Avec la lumière, elle peut mieux voir mon nez.

Avec ses doigts en saucisses, ça a été dur de me refaire le nez. Elle est vraiment au bord des larmes la pauvre d'avoir les doigts comme ça !

Les raccords sont finis.

Nous allons pouvoir recommencer.

— Ah mince. À cause du froid, j'ai le nez qui coule. Je suis un peu mal à l'aise. Ça a pris au moins dix minutes et beaucoup de souffrances pour que mon nez soit vert. Maintenant j'ai envie de me moucher... Non, non. La pauvre maquilleuse a suffisamment souffert.

Je renifle. Une fois. Deux fois...

On fera la scène, après je me moucherai. Je ne vais pas me moucher juste après son maquillage.

Je renifle.

Martin me regarde. Il se demande qu'est-ce que j'ai à renifler comme ça.

— Bon. Il faut que je me mouche. Je dis à la maquilleuse.

Elle me tend un kleenex. Elle avait le kleenex déjà à la main !

— Vas-y, mouche-toi.

Comme une fatalité. Elle le savait on dirait que j'allais dire ça.

Moi aussi mes doigts sont gelés. J'ai du mal à me moucher sans m'arracher le nez. Maintenant il n'y a plus de vert sur mon nez qui est de nouveau rouge.

La maquilleuse pleure presque. J'ai salopé mon nez.

Raccords. Dix minutes.

Nous allons pouvoir recommencer.

Mais c'est pas vrai ? J'ai encore envie de me moucher !

Non. Tant pis. Je renifle. Martin me regarde. Il n'aime pas quand on renifle à côté de lui.

Je renifle.

— En place ! Dit la première assistante. On ne la voit presque plus la première. Elle ressemble à une Inuit immigrée à Amsterdam. Elle est camouflée sous sa cagoule, sous son écharpe, sous son anorak à capuche bordée de fourrure sous son pantalon de K-way, sous ses gants, sous ses protège-oreilles, dans ses chaussures de montagne.

L'habilleuse nous retire nos doudounes à Martin et à moi. Nous sautons.

Glaçon pour Martin. Glaçon pour moi.

— Moteur.

Nous mâchons les glaçons.

— Tourne.

Nous sautons.

— Action.

Pliés en deux, nous crachons les glaçons.

Martin et moi nous nous baladons. La caméra nous suit. Elle roule sur ses rails.

Nous sourions. Très contents.

Nous passerons bientôt le travelling. Une fois le travelling passé, il faudra que je parle à Martin. Je dois lui proposer de boire un dernier verre.

J'ai froid au pied mon Dieu ! Je passe le premier rail.

Martin passe le premier rail.

Nous continuons la balade. Nous sourions toujours.

Martin trébuche. Son pied s'accroche dans le deuxième rail du travelling. Il ne tombe pas. Je passe le deuxième rail. Est-ce que le réalisateur va couper cette prise ?

C'est bon le réalisateur ne coupe pas.

– Si nous allions boire un dègnier vet ? Je dis à Martin.

– Coupé.

Cette fois le réalisateur a dit coupé. Ça n'est pas possible avec ces accidents de continuer la scène.

Martin a trébuché et voilà que moi je dis « dègnier » à la place de dernier, et « vet » à la place de verre.

Je suis absolument désolée. Je connais pourtant parfaitement mon texte. C'est mes lèvres qui sont endormies par le froid et qui n'arrivent pas bien à faire ce qu'on leur demande.

Le réalisateur trouve que les acteurs ne vont pas y arriver tout de suite avec cette scène.

– On coupe un quart d'heure. Il dit.

C'est la pause repas. À deux heures, presque trois heures du matin.

C'est l'heure de la soupe.

Martin et moi, on va pouvoir se réchauffer.

Il y a une grande tente qui a été montée dans la rue.

Du chauffage.

Un quart d'heure de pause.

Doudounes, écharpes, chaufferettes. Martin et moi nous nous asseyons près d'un gros tube qui envoie de la chaleur. Un vent chaud…

La chaleur d'une fin d'après-midi en Afrique. C'est comme une très grosse trompe d'éléphant reliée à un moteur qui envoie de la chaleur dans la tente.

Je m'y connais en trompes d'éléphants. J'ai passé des

jours atroces, terrorisée par les éléphants en pleine brousse dans la réserve de Tsavo, Kenya. Je pensais faire un safari calme, prendre des photos. Ils m'ont terrorisée !

Leur trompe a barri si fort plusieurs fois ! Des trompes malveillantes.

Là, non. La grosse trompe est gentille. La grosse trompe fonctionne bien. C'est une grosse trompe bienveillante. Elle fait chaud dans la tente.

Je mets mes pieds devant la bonne trompe.

– Que c'est bon cette chaleur... Quelle bonne soupe.

Nous ne parlons pas Martin et moi. Martin a ses deux mains autour de son bol. Il est concentré sur sa soupe. Il n'a pas trop envie de parler. Moi non plus, je suis fatiguée.

Cette chaleur agréable me donne envie de dormir.

Je mange ma soupe. Martin mange sa soupe. Toute l'équipe mange sa soupe.

Il est à présent trois heures du matin.

Je suis si bien là. La trompe me protège. Elle me réchauffe. J'ai presque trop chaud et j'aime ça ce soir. J'ai envie d'avoir trop chaud. Martin s'écarte un peu.

– Fait trop chaud devant ce truc. Il dit en s'éloignant.

Moi non. Moi je ne m'éloignerai pas de la trompe. J'y suis si bien.

La différence de température fait réagir ma peau. Je commence à le sentir. Mon sang qui s'était retiré de mes pieds revient tout doucement. Ça fait un peu mal.

Mes oreilles reprennent vie elles aussi. Mes joues se regonflent un petit peu.
Mon nez aussi : il n'y a plus de petite fumée qui sort de mon nez.

Je n'ai rien dit tout à l'heure, mais un moment, j'ai eu peur que mon nez tombe.
J'ai eu peur qu'il se brise à cause du gel.
Il n'est pas tombé. Je l'ai encore sur la figure.
Je suis bien... Mes paupières sont lourdes de chaleur...
J'ai du mal à ne pas laisser mes yeux se fermer...

J'ai vraiment du mal à garder les yeux ouverts moi.
Je vais un peu poser ma tête sur la table.
Je ne dois pas m'endormir. Juste un peu me reposer.
Je pose ma tête sur la table... Le souffle chaud de la trompe caresse mon visage...
Je garde les yeux ouverts. Si je m'endors, ce sera trop dur après.
Que je suis bien. La nuit avale les bruits. Les discussions sous la tente sont tamisées.
Je veux rester là. Je pourrais mourir sur cette table africaine devant cette trompe.
J'espère que la prochaine prise sera la bonne. Je ne veux pas la refaire trop dans ce froid. Je n'en peux plus.

— Sylvie ? Sylvie ? Une main s'est posée sur mon épaule.

Mais non ! Je me suis endormie ?

J'ouvre mes yeux. La lumière jaune de la tente est soudain immonde. La trompe fait un boucan d'enfer. Je lève ma tête si lourde. Plus personne dans la tente. Que moi avec cette main sur l'épaule. Qui est-ce ?

C'est la maquilleuse.

— Faut que je te fasse un raccord.

Je la regarde. Oh mon Dieu ! Cette chaleur m'a fait gonfler le visage ! Je le sens.

C'est comme quand je vais au ski. Quand j'ai eu froid au visage toute la journée et que je rentre. Ça me fait toujours ça ! Je le sais très bien !

Ce que je sais aussi très bien, c'est que ça me fait les oreilles écarlates et le nez gonflé !

— J'ai le nez gonflé ? Je demande direct à la maquilleuse.

— Oh là oui ! Elle me dit catastrophée. Mais tu as surtout les oreilles très rouges !

Oh merde ! Quand je suis au ski, ça ne me gêne pas. Mais pour un film, quand même...

Je sais que ça me déforme la tête quand je suis comme ça. Panique.

Comment elle va faire ?

Pour enlever le rouge, je sais. Elle va me peindre en vert.

— Mais pour mon nez gonflé ?

— T'inquiète pas. Dehors, il fait tellement froid. Ça va dégonfler en trois secondes. Elle me dit. Ouf ! Je suis rassurée. J'avais peur qu'il se mette à faire trop chaud dehors subitement.

Elle vient de me dire que je vais me geler encore plus cette fois-ci.

Je sors de ma réserve africaine.

J'ai les oreilles en feu ! J'ai bien le nez au milieu de la figure, ça au moins c'est une certitude.

L'autre certitude : ça ne durera pas. Mes oreilles et mon nez ne vont pas avoir chaud bien longtemps.

   — Qu'est-ce que c'est que ça ? Je dis.

Un rideau de pluie me tombe sur la figure sitôt que je suis sortie de mon Afrique.

Je remonte la capuche de mon anorak. Je suis effrayée.

Oh non ! Il pleut subitement à verse !

— Ça va pas la tête ! Elle se met à hurler la maquilleuse.

Mais qu'est-ce qu'elle fait elle aussi ? Je me demande. La maquilleuse hurle contre la pluie ? Elle est très fatiguée, mais quand même...

Elle hurle dans la nuit :

— Arrêtez la pluie ! Bordel !

Oh la vache ! La pluie s'arrête ! Elle commande la pluie cette fille ! Elle a engueulé la pluie, et la pluie s'est arrêtée.

— Tu commanderais pas la température tant qu'on y est ? J'ai envie de lui demander.

Si elle pouvait gueuler au mercure de remonter un peu...

Je ne comprends plus rien subitement. Peut-être que je dors encore ?

— Pourquoi il ne pleut plus ? Je lui demande.

— C'est pour la scène d'après la pluie. Elle me répond.

Devant mon air bête et ahuri, elle se décide à m'expliquer ce qu'il se passe entre elle et les éléments.

— On n'a pas encore fini la scène de tout à l'heure. Ils feront de la pluie quand ça sera le moment ! Elle est énervée la maquilleuse qu'on m'ait trempée.

— Viens, je vais te sécher.

Toujours rien compris moi ! Tant pis... Je suis la maquilleuse. Elle a l'air de tout comprendre.

Si elle a un peu de temps plus tard, elle m'expliquera peut être.

Nous avançons près du camping-car. Le miroir et les pinceaux de la maquilleuse sont dans le camping-car. C'est sa loge pour cette nuit.

— Qu'est-ce que c'est ? Je m'écrie. Une vision d'horreur.

Quand je tourne ma tête sur la droite avant de monter dans le camping-car, je vois l'installation pour la scène qui va suivre.

Deux hommes se trouvent au milieu d'une rangée de tuyaux. Ce sont des arrosoirs géants !

— Ils vont nous balancer de la flotte sur la tête à Martin et à moi ? Je demande à la maquilleuse qui comprend tout.

— Ben oui. Tu sais que dans la quarante-huit, il pleut. Eh ben c'est eux qui font la pluie.

Ça y est. Moi aussi je comprends tout.

53

Je comprends qu'il ne sert plus à rien que j'essaie de me réchauffer. Je comprends que je vais avoir froid encore une heure pour finir la scène commencée. Je comprends que ce n'est rien si j'en juge par l'installation pour la scène qui suivra.

Je ne dis rien. Je ne peux plus rien dire. Je vais garder mon énergie pour souffrir.

Séchage. Raccords maquillage.

Nous avons fini la première scène.

Je suis gelée. Martin ne dit plus rien depuis déjà longtemps.

Nous sommes abrutis par le froid.

Nous remontons dans le camping-car qui sert de loge maquillage. L'habilleuse y a posé nos vêtements pour la scène suivante.

Nous ne courons même plus pour tenter de nous réchauffer.

Je ressortirai de la loge dans mon costume pour la scène quarante-huit : une jupe d'été rose, un marcel noir.

Martin a seulement changé de chemisette.

— On va pouvoir y aller. Elle a dit de sous sa cagoule, sous son écharpe, sous son anorak à capuche bordée de fourrure sous son pantalon de K-way, sous ses gants, sous ses protège-oreilles, dans ses chaussures de montagne, la première assistante.

Alors on va lancer la pluie !

Ce sont des milliers de sauts d'eau qui se sont abattus

sur Martin et moi dans cette nuit froide d'Amsterdam.

— J'adore la scène où il pleut ! Elle m'a dit ma sœur quand elle a vu le film.

C'est beau la nuit quand il pleut et que vous marchez au bord de l'eau.

Elle n'a même pas vu que j'avais le nez peint en vert.

Elle n'a même pas vu que j'avais les pieds froids.

Elle n'a même pas vu la petite fumée qui sortait de mon nez.

Décidément, je me demande vraiment à quoi ça a servi encore. Non mais vraiment...

5

Janvier.

Je regarde par la fenêtre. Ils ont oublié d'éclairer dehors ? Je suis obligée d'allumer chez moi.

Je n'aime pas du tout les matins d'hiver quand je dois me réveiller à l'ampoule électrique.

— Quelle heure il est ?

Je regarde le réveil du côté droit de mon lit.

— Quoi ? 7 heures 45 ? Seulement ? Il n'est que 7 heures 45 ?

Ce n'est pas possible ! Je suis une dormeuse normalement. Pourquoi je me réveille si tôt ?

Je ne me suis pourtant pas couchée de bonne heure hier soir.

Je me suis couchée à 1 heure 30. Je n'ai dormi que cinq heures et demie.

Ce n'est pas normal ça ! Que se passe-t-il avec moi ?

Il me manque au moins quatre heures de sommeil ! Il me faut absolument dormir neuf heures si je veux vivre une journée correcte moi !

Je ré-éteins la lumière. Je vais me rendormir.
Je me renfonce loin dans mon lit. Loin sous ma couette encore chaude.
Je referme les yeux.
Je respire lentement. J'ai les yeux fermés.

Sur le dos. Sur le côté droit. Sur le ventre. Sur le côté gauche. Sur le dos... Salto.
Je ne suis plus en état de dormir. Je le sens. Je ne vais plus pouvoir dormir.
Ça va m'agacer ça. Je n'aime pas estropier mes nuits.
Je sais que je ne suis pas du tout la même quand j'ai bien dormi et quand je n'ai pas assez dormi.
Chez moi la qualité du sommeil se compte en heures. La qualité de mon sommeil aujourd'hui est médiocre. C'est minable.

Mes yeux se rouvrent malgré moi. Qu'est-ce qu'ils ont aujourd'hui ?
Pourquoi ont-ils décidé de s'ouvrir si en avance ?
Je cherche la raison.

Ce ne sont pas mes yeux qui ont décidé tous seuls. C'est mon ventre. Mon ventre souffre d'ondulations.
Il y a quelque chose à l'intérieur de mon ventre. Il fait des vagues mon ventre. Je le sens à présent.
— Qui a mis un truc dans mon ventre pour m'empêcher de dormir ?

La trouille ! Ma tête a créé de la trouille ! Ma tête a balancé de la trouille dans mon ventre pour le faire onduler !

Mon ventre a peur ! Il est terrorisé mon ventre !

Je sais pourquoi je n'ai dormi que la moitié d'une nuit. C'est parce que ce soir je vais jouer au théâtre.

Ce soir c'est la première de la pièce que je vais jouer durant deux mois ! Ce soir je vais être Stella de Goethe au théâtre de Bobigny.

Ce soir c'est une soirée terrifiante !

Ce soir les spectateurs seront des professionnels.

Ce soir les spectateurs seront des journalistes.

Ce soir les spectateurs seront des amis. Ce soir les spectateurs seront des acteurs, des actrices, des réalisateurs, des réalisatrices, des metteurs en scène des...

Ce soir c'est le baptême du feu.

BOBIGNY. 21 H 00 STELLA/GOETHE.

Même si je ne dois être au théâtre qu'à dix-neuf heures, je comprends qu'il ne sert à rien de m'entêter. Je ne vais plus dormir.

Je rallume dans ma chambre.

Dehors, il n'y a toujours pas de lumière.

Va falloir songer à faire quelque chose quand même ! Je pense.

Si mister météo dort pendant que moi non, je vais finir par avoir sérieusement le bourdon.

Je soupire. Bon... Qu'est-ce que je vais faire aujourd'hui ?

Je n'ai rien envie de faire. Je sens que je ne vais penser

qu'à Goethe. Goethe n'est pas le personnage le plus indiqué pour me trouver des idées concernant une journée d'activité qui se passe au XXIᵉ siècle.

Si je lui demande, il va me dire d'aller sous ma pergola et d'y broder ma dentelle...

Je n'ai pas de pergola. Je n'ai pas de dentelle.

Je vais traîner et je vais essayer de me reposer. Sinon à 9 heures je serai exténuée et j'aurai envie de dormir les heures qu'il me manque.

Je traîne. Je tourne en rond. Bon. Je vais aller au théâtre. Je vais me mettre dans ma loge.

Il y a un lit dans ma loge. Je pourrai me reposer. Si mon ventre ondule trop et si je suis très malade, il y a les pompiers. C'est mieux. Je vais aller au théâtre.

STELLA/GOETHE 21 H 00

C'est écrit en néon rose sur la façade du théâtre de Bobigny.

Ah... Mon ventre ! Ça ondule si fort ! Je suis pliée en deux.

Je marche comme une bossue. Il ne me manque plus que ma canne et j'ai ma place à l'hospice.

Je traverse le théâtre. Les techniciens sont en train de régler les derniers détails.

Aïe ! Aïe ! Aïe ! Que j'ai mal.

La scène est éclairée.

Le décor dans lequel je vais évoluer ce soir est en place.

Le devant d'une maison. La porte est ouverte.

Comme si j'étais déjà sortie de ma maison.

La salle est éteinte comme s'il y avait déjà les spectateurs.

Dans le noir je passe sur le côté pour rejoindre les loges.

— C'est quel numéro celui-là ? Il demande Pierre.

Pierre montre un rond de lumière au sol sur la scène.

C'est le rond de lumière dans lequel je dois aller m'asseoir pour accueillir mon amie.

Si je m'assois à côté du rond de lumière, je serai dans le noir.

— C'est le dix-huit. Il répond Olivier.

Olivier c'est lui qui a décidé des lumières du spectacle. Il est assis au milieu de la salle. Il a une grande console pleine de boutons et il commande les projecteurs à distance.

— OK. Pierre est renseigné.

Pierre note que le rond de lumière du projecteur numéro dix-huit ça va bien.

— Bonjour Sylvie. Il me dit Pierre, quand j'arrive sur le côté du plateau.

— Bjouyrr. Je réponds.

Oh mon dieu ! Je ne peux pas dire bonjour ! À cause de mon ventre qui fait mal, j'ai déjà raté le premier mot que j'ai dit de la journée !

Calme ! Ce n'est pas grave. Je n'ai pas le mot bonjour dans mon texte.

Je continue mon chemin de croix jusque vers ma loge.

Je dépasse Pierre et les autres techniciens qui sont dans les coulisses.

Je prends les escaliers pour monter à ma loge.
Est-ce que je vais réussir à monter deux étages moi ?

Un effort. Je me tiens à la rampe comme si le pré-cipice m'attirait inexorablement.

Ascension lente, mais réussie.
Me voilà dans ma loge.
Une petite pièce avec un grand miroir, une table. Un matelas est posé au sol. J'ai une douche dans ma loge.
Ma loge me fait penser à un studio d'étudiante. J'ai apporté de la musique.
Des photos. Un cendrier de chez moi. Je vais passer deux mois ici. Je serai là tous les soirs pendant soixante jours.
Je me redresse un peu. Ils n'ont pas vu que j'allais très mal.
– C'est déjà bon signe. Je pense.
Je respire mieux dans ma loge.
Dans la loge des autres comédiens aussi il y a des pho-tos. Ceux qui ont des enfants ont mis des photos de leur fille et de leur fils. Moi, j'ai mis la photo de mon chien.

Il est 10 heures 25. Ça commence à s'éclairer un peu dehors. Lentement.
Je suis mieux. J'ai mis de la musique. Je me suis allon-gée sur mon matelas, mon ventre se détend un peu.
Je recommence à envisager de jouer ce soir.
Mon téléphone portable sonne. Je me lève. Je décroche.

— Allo ? Je dis.

— Bonjour Sylvie. C'est Nathalie Bourdonne. Je t'appelle pour te dire merde pour ce soir !

Une nouvelle ondulation se produit dans mon ventre. Une ondulation violente. Ça s'était calmé, c'est reparti.

Au mot merde, j'ai manqué de tomber à la renverse.

— Je ne te réveille pas au moins ? Elle me demande. Je sais que tu dors beaucoup. Je pensais tomber sur ton répondeur. Je voulais te dire merde parce que je viens ce soir mais je n'aurai pas le temps de t'appeler avant !

— C'est genthffjui. Je dis.

— Comment ? Elle demande.

Je comprends pourquoi elle demande comment ! La journée commence vraiment bien ! Les premiers mots qui sortent de ma bouche sont une bouillie innommable.

C'est bien parti pour ce soir. Je ne peux pas dire le mot bonjour. Je ne peux pas dire le mot gentil. Gentil, ça je l'ai dans mon texte ! Un seul mot simple ne veut pas sortir de ma bouche. Ce soir, je dois normalement dire des milliers de mots autrement plus compliqués. Des phrases toutes entières ! Des paragraphes même ! Des monologues ! Oh la vache ! Ça ondule sec là-dedans !

— C'est gentil, j'ai dit. Je répète.

— Bon ben... À ce soir après la représentation !

Nathalie Bourdonne raccroche.

— Oui à ce soir après la représentation... Je pense. Si

je suis toujours en vie. Mes intestins ne vont pas si bien que je puisse espérer vivre bien longtemps.

Ma langue est si sèche que je voudrais vérifier dans le dictionnaire la définition et les symptômes du mot scorbut.

— Merde. Il ne me manquait plus que ça... Si je me suis chopé le scorbut alors que je dois jouer Stella...

Je sors de ma loge. Je dois descendre un étage pour me rendre à la bibliothèque.

Le dictionnaire.

Je ne veux pas vérifier ici. Si quelqu'un vient alors que je cherche la définition du mot scorbut, je vais avoir droit à des questions embarrassantes.

Non... J'ai déjà assez mal comme ça.

Je vais chercher dans ma loge.

Je remonte l'étage. Heureusement qu'elle est là cette rampe.

Il a fallu deux fois pour que Nathalie Bourdonne comprenne le mot merci. Ce soir, si je dois répéter chaque mot deux fois, ça va faire long comme pièce.

La pièce dure une heure quarante. Une heure quarante fois deux, ça fait trois heures vingt.

La pièce commence à 21 heures 00. Ça veut dire que la pièce finirait à minuit vingt.

Les spectateurs vont crever de faim ! Ils n'auront sûrement pas prévu de rester si longtemps.

Après cet effort immense, je me laisse tomber sur mon matelas.

Je tourne les pages du dictionnaire.

Scorbut... Scorbut...

– Ah voilà...

Scorbut : maladie due à l'insuffisance de vitamine C dans l'alimentation et caractérisée par des hémorragies et de la cachexie.

Bon, j'ai mangé une mandarine hier soir et des vitamines ce matin. Je n'ai pas d'hémorragie.

Cachexie. Qu'est-ce que c'est que ça ? Je le savais. Je suis très malade. C'est sûrement ce mot qui me détruit.

Je cherche... Cachexie... À la page 324 de mon dictionnaire, je trouve le mot cachexie.

Je tremble. Je n'ose regarder la définition de la maladie qui me ronge.

Cachexie : état d'amaigrissement et de fatigue généralisée dû à la sous-alimentation.

Ça ne doit pas être ça. Sur ma balance, j'ai noté un gain de poids de six cent cinquante grammes.

Mon dictionnaire ne parle pas du symptôme de la langue qui gonfle.

C'est déjà rassurant.

Oui, enfin rassurant... Ce n'est pas le scorbut certes, mais je suis quand même mal-en-point moi ! Je suis très mal et je souffre d'une maladie que je ne connais pas.

Qu'est-ce que j'ai ? J'espère que ça se soigne au moins.

Pourquoi ma langue est si grosse ? Elle a triplé de volume ma langue.

Je suis dans ma loge toute seule avec ma grosse langue.
Qui va m'aider ? Je ne peux pas rester comme ça. Il faut soigner ma langue !
Je suis désespérée.

Une maladie inconnue a ravagé la langue de l'actrice qui devait jouer Stella.
Il va dire le metteur en scène ce soir devant le rideau fermé.
Tout le monde va savoir que j'ai la langue malade.
Non. Je n'ai vraiment pas de chance.
Je dois prévenir le metteur en scène. Comment je vais lui dire ?
De toute façon, je ne peux déjà presque plus parler...
Si ma langue continue de gonfler comme ça, je vais même avoir du mal à respirer.
Je vais lui mettre un mot dans sa loge. Je pense.
Ce sera plus simple.

Je crains de ne pas être en mesure de jouer ce soir, j'ai la langue malade.
Je suis dans ma loge.
Je t'embrasse.
Sylvie.

Je me regarde dans le miroir...
Bon. La tête ça va.
J'ouvre la bouche.
Oh non ! C'est une catastrophe ! Ma langue jaillit hors de ma bouche !

Ma langue pend devant ma bouche. Ma langue est un organe inerte et pendant.

C'est un spectacle ignoble auquel j'assiste.

Elle est vraiment très grosse, elle est molle, elle est rouge sang.

Qu'est ce que je vais faire avec tout ça de langue moi ? Je m'inquiète.

Je pince ma langue. Je ne la sens plus ! Je tords ma langue. Rien. Elle n'est pas malade, elle est morte !

Ma langue est décédée à l'âge de vingt-neuf ans.

Ma langue ne peut plus rentrer dans ma bouche. Je dois la remettre à sa place.

Je l'enfourne dans ma bouche. Elle tient une place énorme !

Elle va ressortir et rependre.

Non. Je serre les dents. Je vais garder la bouche fermée.

Je garde ma langue prisonnière dans ma bouche.

Pas question qu'elle pende.

Je suis dévastée. Je n'ai plus de force. La maladie de ma langue est en train de gagner mon corps tout entier. Je cède.

Je vais me coucher sur mon matelas et je vais attendre qu'on me trouve.

Je suis étendue sur mon matelas.

Les bras en croix. Je ne peux plus bouger. Mes yeux sont ouverts. Je fixe le plafond depuis des heures. Pas âme qui vive dans le couloir des loges. Je ne souffre même plus. Ma langue est morte. Mon ventre vient de mourir à son tour on dirait.

La musique s'est arrêtée. Je n'ai pas pu me relever pour mettre un autre disque.

Je vais rendre l'âme avant qu'on me trouve.

Silence.

Je pense à mes amis. Je pense à ma famille. Je pense à Tiago, mon chien.

Mon téléphone est trop loin. Je n'ai pas la force de le prendre sur la table.

Je voudrais donner mon chien à Evelyne. Je sais qu'il sera heureux avec elle.

Pauvre Tiago. Que deviendra-t-il ?

Un bruit.

J'entends du bruit ! Quelqu'un est en train de marcher dans le couloir !

Pourvu qu'il pense à venir voir dans ma loge !

Je voudrais crier. Je ne peux pas. Je suis écrasée sur mon matelas.

J'écoute.

C'est Carole. Je reconnais son pas. Elle parle. Ils sont deux.

Carole et moi on s'entend bien. La loge de Carole est au fond du couloir. Pour aller dans sa loge, elle doit passer devant la mienne.

C'est sûr qu'elle va venir frapper à ma porte.

Les pas. Les bruits. Leur voix. Je suis sauvée !

Carole est devant ma porte.

Oui ! Elle frappe.

— Sylvie ? Elle demande de derrière la porte Carole.

Je ne peux pas bouger. Je voudrais dire quelque chose. Je ne peux pas.

Carole attend ma réponse.

Je reste muette.

Je pousse sur ma gorge pour faire sortir un son. Rien.

Carole n'entre pas sans que je ne l'invite à entrer.

Je voudrais tant qu'elle appuie sur cette poignée. Ouvre Carole ! Ouvre ! La porte n'est pas verrouillée. Entre !

— Ben elle est pas encore arrivée. Elle dit Carole de derrière la porte.

Les pas reprennent. Le bruit s'éloigne. Carole part. Carole s'en va à l'autre bout du couloir. Carole ne me sauvera pas.

Je suis résignée. Ça va mal pour moi, on dirait... Je crois au destin. Mon destin était sûrement de ne pas être Stella.

Les bras en croix, je n'ai pas bougé depuis des heures. Je suis définitivement clouée à ce matelas. Le matelas fait partie intégrante de mon corps désormais.

Mon corps et le matelas développent la même énergie. Mon corps et le matelas sont des objets inertes. Ils attendent qu'on les trouve. Mon corps et le matelas attendent qu'on les déménage de cette loge. Mon corps et le matelas écoutent le bruit des acteurs qui commencent à arriver dans le couloir.

Carole passe plusieurs fois devant ma loge.

Ma gorge n'essaie même plus d'alerter Carole.

Mon corps et le matelas n'espèrent plus rien. Mon corps et le matelas ne sont plus qu'un seul corps. Mon corps-matelas est dans la loge et c'est tout.

Ils se font la bise. J'écoute.

— Bonjour Véronique.

— Bonjour, Jacques.

— Alors ? Pas trop le trac ? Il demande Jacques.

— Si. J'ai mal dormi. J'ai mal au ventre depuis ce matin. Vivement qu'on commence à jouer, je n'en peux plus. Elle répond Véronique.

— Oh moi aussi depuis ce matin je cours aux toilettes toutes les dix minutes. Elle dit Carole.

Qu'est-ce qu'il se passe encore avec moi ?

Mon ventre qui était mort vient d'avoir un soubre-saut. J'ai eu mal !

Ça veut dire que mon ventre n'est pas mort !

Je pousse sur mon ventre.

Il ondule de nouveau. Aïe !

Je suis contente. J'ai mal au ventre.

Je vais essayer de bouger mon corps.

Non. Mon corps est toujours mon corps-matelas.

Mais mon corps-matelas souffre. Qui dit souffre dit : pas mort.

— Bonjour... C'est la voix grave de Hugues. Hugues est l'acteur masculin principal de la pièce. Hugues joue Fernando. Stella est amoureuse de Fernando.

Hugues et moi nous avons répété durant un mois et demi. Hugues et moi nous entendons bien sur scène, j'ai eu plusieurs fous-rires à cause de Hugues. Hugues joue dans des pièces depuis que je suis entrée à l'école maternelle. Hugues a joué des rôles importants du répertoire. Dans de grands théâtres, dirigé par de très grands metteurs en scène. Hugues ne va pas être content. Quand il va apprendre que je suis morte sur mon matelas et qu'on ne peut plus jouer, il va être écrasé de tristesse et de déception.

– Ça ne va pas Hugues ? Demande Jacques.
Quoi ? Hugues aussi est malade. J'entends de mon matelas.
– Je crois que je vais avoir du mal à jouer ce soir. J'ai de la fièvre. Je me suis senti mal toute la nuit. Il dit Hugues.
C'est vrai qu'il a une drôle de voix. Je pense.
– Je vais aller m'étendre une demi-heure dans ma loge. Si ça ne va pas mieux... Ben... Je crois qu'on aura du mal à jouer ce soir...
Silence.
J'entends les pas lents de Hugues. La loge de Hugues est en face de la mienne. Ses pieds traînent. Il a du mal à ouvrir sa porte on dirait.
La porte de la loge de Hugues se referme.
Silence.
Carole, Jacques et Véronique sont derrière ma porte. Ça a l'air grave. Ils ne parlent plus.
– Il a toujours ça avant de jouer. Il finit par dire Jacques.

71

— Je le connais bien. Il va être comme ça jusqu'au lever du rideau et puis après, il va assurer. Il dit Jacques.

Jacques a joué plusieurs pièces avec Hugues.

Oui ben moi, il ne me connaît pas bien ! Je pense. Moi je suis en train de crever sur mon matelas ! Alors au lever du rideau, il y aura peut-être Hugues, mais il ne dira pas le texte de la pièce. Il dira que je suis morte sur mon matelas et que c'est à cause de moi que les spectateurs ne peuvent pas voir la pièce.

— Bonjour.

Ah ! C'est la voix de Bruno ! C'est la voix du metteur en scène.

— Bonjour. De Véronique.

— Bonjour. De Jacques.

— Bonjour. De Carole.

Ils rient.

— Pourquoi vous riez ? Il demande Bruno.

— Ben... T'as vu comment t'es habillé ? Il lui dit Jacques.

Ils rient.

— Ben quoi ? Il demande Bruno.

— Ben... T'as mis ton pull sur ton imperméable.

— Ah oui... Il dit Bruno. Je suis dans un état lamentable aujourd'hui. Heureusement que ce n'est pas moi qui joue, sinon on ne jouerait pas ce soir.

J'ai des sueurs froides, j'ai des nœuds dans le ventre et depuis ce matin je suis maladroit. Je casse tout ce que je prends dans mes mains. Heureusement que ce n'est pas moi qui joue. Sylvie n'est pas arrivée ?

72

— Oh mon Dieu si ! Je suis là ! Je voudrais dire.
— Non. Elle n'est pas encore là. Elle répond Carole.
Tu devrais aller voir Hugues. Il ne se sent pas bien. Il
croit qu'il ne pourra pas jouer ce soir.
Bruno est un metteur en scène passionné. Bruno est
un homme ultrasensible. Le pauvre. Tant d'efforts
réduits à néant. La pièce qu'on devait jouer ce soir,
c'est l'adaptation qu'il en a faite. *Stella* n'a pas été
jouée en France depuis vingt ans.
La critique a salué son travail depuis toujours.
Ça va le tuer ça Bruno.
Il était angoissé depuis déjà une semaine. Il ne disait
rien, mais nous, on a vu que Bruno avait peur. Il avait
raison d'avoir peur. On ne va pas jouer sa pièce.
Le pauvre. Pas de pièce. Un malade et un cadavre.

Les pas disparaissent de derrière ma porte. Mes
oreilles qui ne sont pas mortes tentent d'entendre des
bribes de mots.
On discute. On se déplace. Ça s'agite dans le couloir.
Des portes s'ouvrent et se referment.

Ma porte s'ouvre soudain.
C'est Bruno. Il se met à quatre pattes à côté de mon
matelas.
— Qu'est ce qui t'arrive ? Il me demande.
Ouf ! Il a trouvé mon mot dans sa loge.

Bruno est médecin en plus d'être metteur en
scène.

Bruno est resté dans ma loge quinze minutes.

Il m'a donné des granules d'homéopathie.

— Tu gardes sous la langue. Tu attends qu'elles fondent. Tu verras, après tu iras mieux.

Il avait raison ! Il est 20 heures 30 et je vais mieux. Je vais bien mieux ! Moi qui vais toujours chez un médecin classique quand je suis malade...

Bruno m'a rendu mon corps. Le matelas gît tout seul sur le sol maintenant. Ma langue est ressuscitée. Mon ventre a mal, mais il vit.

Bruno a sauvé ma vie en quinze minutes avec quatre granules !

Bruno a guéri Hugues qui vient de sortir de ma loge.

Il m'a offert un cadeau de première.

Il y a un petit mot.

On m'a apporté des fleurs. Il y a des petits mots. La boîte vocale de mon téléphone portable est saturée.

Tant pis, je n'écoute pas. Ça va me donner le trac.

Tout le monde s'est fait des cadeaux. C'est la tradition. Bruno m'offre le dernier : c'est la traduction de *Stella*. STELLA/GOETHE. Adaptation Bruno Bayen.

J'ouvre le livre. Il y a un mot. Je tourne la première page.

Fernando : Hugues Quester

Stella : Sylvie Testud.

C'est comme une création. C'est la première fois que cette pièce sera jouée. Elle sera jouée par nous !

J'ai de l'énergie à revendre cette fois.

— En avant moussaillons !

Ma robe. Mes chaussures. Pas de maquillage. De la poudre.
— Les cheveux en bataille. Il a dit Bruno.
Ça m'arrange, c'est la seule coiffure que mes cheveux veulent bien supporter.

Je suis dans les coulisses. Le premier acte se déroule. Jusqu'ici tout va bien.
Je n'entre qu'au deuxième acte.
Je suis dans ma robe de satin bleu.
Bruno est assis quelque part dans la salle. Il doit avoir peur lui aussi.
Hugues est formidable. Pourvu que je ne fasse pas tourner la pièce au cauchemar.
Ça y est, la musique de la fin du premier acte est en route. Mon cœur bat si fort.
Il bat trop vite. Ce n'est ni mon ventre ni ma langue qui mourront.
Cette fois c'est mon cœur ! Oh non ! Mon cœur donne des coups violents !
Il va sortir de ma poitrine. Je mets mes mains sur mon cœur pour le retenir.
Il va s'arrêter on dirait.
La lumière change. Ça tape trop fort !
C'est à moi. Je dois entrer en scène.
Mon cœur s'est emballé. C'est la crise cardiaque qui me guette. J'appuie très fort sur mon cœur pour le calmer. Aïe ! Je vais me casser une côte si je fais si fort. J'appuie moins fort sur mon cœur. Il va vite — vite !
Comment faire ? Panique.

Je ne vais pas y arriver, c'est sûr. Je vais mourir avant ! Non ! Je fais un effort. Je lâche mon cœur délicatement pour qu'il ne se rende pas compte que je vais faire autre chose.

J'ouvre la porte du décor. Mon cœur frappe de partout ! Il cherche le moyen de sortir de ce corps qui le retient prisonnier ! Mince ! Mon cœur s'est rendu compte. Mon cœur a très peur. Un effort. Aïe ! Mon cœur tabasse ! J'ouvre la porte de ma maison. Bing, Bang. De grands coups de plus en plus sourds dans mes oreilles. Mon cœur va sortir par mes oreilles !

Je vais me mettre au centre de la scène.

Mon cœur veut s'échapper tellement il a peur. Des coups. Des coups dans mes dents. Il va sortir par ma gueule ! Face au public. Je vais ouvrir la bouche et mon cœur va leur arriver sur les genoux !

Bon. Je vais retourner en coulisse rassurer mon cœur et quand il sera calmé, on reviendra.

Je voudrais sortir de scène. Je ne peux pas.

Mon corps va se mettre en place tout seul. Je suis téléguidée maintenant !

Les lumières sont fortes. La scène est immense. La salle est remplie. Pas un bruit.

La musique s'arrête.

Est-ce qu'ils voient que mon cœur va sortir par ma gorge ? Je pense.

Je dois parler à présent.

Mon cœur est dans mes lèvres.

Pourquoi je ne peux pas repartir en coulisse ?

Mon serviteur est entré. Il me regarde. Est-ce qu'il voit mes lèvres qui tapent ?

Quand il sera presque au milieu de la scène, je devrai lui parler.

Mes lèvres vont exploser ! Mon cœur va faire exploser mes lèvres au milieu de la scène !

Le serviteur avance presque au milieu de la scène.

— Vite... Vite... et dis-lui que je l'attends.

Ma bouche a parlé toute seule...

Alors ça ! Mon corps se déplace tout seul et maintenant ma bouche parle sans me consulter.

Je suis en dehors de mon corps. Je deviens le spectateur de mon corps.

— Oui madame. Il me répond.

Sa voix ! Sa voix ! Sa voix m'a réveillée. Sa voix ! J'avais tant besoin de sa voix !

Sa voix m'a insufflé l'énergie !

Sa voix a calmé mon cœur. Mon cœur est serré, mais mon cœur est à sa place.

Je retourne dans mon corps. Mon corps attend mes ordres. J'ai les commandes tout à coup.

Le serviteur continue sa route. Le serviteur sort de scène.

Je marche droit devant moi. Je dois me mettre au bord de la scène. Je dois rêver Fernando qui m'a abandonnée ici depuis trois ans. Je dois dire que j'aime toujours Fernando. Mon monologue est une prière. Je prie que Fernando me revienne. Je prie que Fernando et moi nous courrons de nouveau nous cacher sous ma pergola.

Je suis face à eux. Le public. Je les vois.

Mon cœur bat lentement à présent. Il ne veut plus sortir. Mon cœur ne pense plus à s'échapper. Mon cœur est chez lui dans mon corps. Mon cœur a compris.

Ma bouche ne parle pas à tort et à travers. Ma bouche sait maintenant qu'elle fait partie de mon corps.

Mon corps ne bouge plus. Mon corps, mon cœur, ma bouche, mon ventre et ma langue sont en attente. Ils vivent. Je les sens. Vérification technique : je passe tout en revue.

Mon corps, mon cœur, ma bouche, mon ventre et ma langue attendent que je m'installe aux commandes et que je guide.

Et si je ne dis rien maintenant ? Qu'est-ce qui se passera ?

Et si je décide de rire ? Qu'est-ce qui se passera ? Et si je décide de pleurer ?

Je peux faire ce que je veux.

C'est fou ça. Je n'avais jamais pensé à ça.

Une phrase me revient :

— C'est toi qui joue. Il m'a dit Bruno tout à l'heure.

Je suis si libre tout à coup.

6

J'ai rendez-vous à 18 heures 30.
— Tu mets une jupe, des talons et tu attaches tes
cheveux.
Elle a dit mon agent au téléphone.
Mon agent croit beaucoup en moi depuis qu'elle m'a
vue à l'école Florent dans la pièce de ma copine
Geneviève.
Quand on a fini la pièce, tout le monde m'a dit que je
ressemblais à Élodie Bouchez.
Je me suis dit, c'est bizarre.
J'aime beaucoup Élodie Bouchez.

Le rendez-vous est chez Balto production. Au 34
rue du président Wilson.
Métro Champs Élysées. Au fond de la cour à droite.
Escalier B. Quatrième étage face.
— C'est une fille qui a des problèmes avec son père.
Elle est pétillante, triste, polie, rebelle, et très douce.
C'est une écorchée vive. Elle dit.

— Ah d'accord. Je réponds.

Quand j'ai rendez-vous pour un casting, mon agent se débrouille toujours pour savoir de quoi il s'agit.
Elle me donne des détails sur le rôle. Ça m'aide. Je sais ainsi comment je dois me comporter pour mettre toutes les chances de mon côté.
Pour une fille malpolie, j'arriverais en disant des gros mots, mais là...

— Le réalisateur sera là. Me dit mon agent.
C'est rare ça que le réalisateur en personne soit là.
Les réalisateurs sont rarement là quand les acteurs viennent aux auditions.
Souvent, ils ont des trucs à faire alors ils engagent des « directrices, directeurs de casting ». Les « directrices, directeurs de casting » sont chargées de lire le scénario et de diriger le casting.
C'est elles, eux qui filment en vidéo et qui écrivent le nom, l'âge et le numéro de téléphone des acteurs sur un papier.
Ensuite, elles, ils jouent la scène avec l'acteur.
Plus tard, elles, ils donnent la K7 vidéo au réalisateur, comme ça lui quand il a fini ses trucs, il peut regarder la K7 et choisir.

Cette fois, le réalisateur est là.
C'est quand même pas pareil.
C'est mieux.

Parfois on sait pas très bien si le réalisateur regarde vraiment toute la K7.

Et puis aussi, il y a des directrices, directeurs de casting, on m'a dit : elles, ils aiment pas les acteurs, alors elles, ils les saquent.

Les directrices, directeurs de casting quand elles, ils aiment pas l'acteur ou l'actrice, elles, ils font exprès de jouer mal, comme ça la scène sera pourrie.

Mais cette fois il sera là le réalisateur.

Le casting a lieu 34 rue du président Wilson.

C'est là.

Le code. Je cherche dans mon agenda... Ah voilà.

Au fond de la cour.

Putain, elles font mal aux pieds mes chaussures à talons.

L'ascenseur ne marche pas.

Quatrième face.

Mais merde, elles font mal aux pieds mes chaussures.

Une fille ouvre la porte.

Elle a les cheveux courts et sales. Des lunettes carrées rouges. Elle porte trois T-shirts. Ça se voit : toutes les manches sont de longueur différente.

— C'est pour quel casting ? Elle demande.

Dieu qu'elle a l'air fatiguée la pauvre.

— Heu... C'est pour le téléfilm... de...

— C'est par là...

Elle me tend un papier et me fait entrer dans une pièce.

C'est une salle d'attente, comme chez le dentiste, sauf qu'à la place des fauteuils, il y a des chaises en plastique et au mur, des affiches de films à la place des dents.

Il y a trois actrices qui attendent.

Deux d'entre elles ont l'air très mécontentes.

— Bonjour. Je dis en entrant.

Je vais m'asseoir sur une chaise en plastique.

Je remplis mon papier.

Nom :

Prénom :

Âge :

Mon agent a dit de retirer deux ans.

— Vous faites dix-neuf. Elle a dit mon agent.

Donc, Âge : dix-neuf ans.

Taille : plus deux centimètres.

Poids : le mien ça ira.

Numéro de téléphone :

Agent :

Voilà, la fiche est remplie. J'attends.

Mais qu'est-ce que j'ai mal aux pieds...

Les deux mécontentes n'ont pas que ça à faire. Elles en ont marre d'attendre.

Elles regardent leur montre souvent et soufflent chacune à leur tour.

Je vais réviser mon texte.

Je sors ma feuille.

Ma feuille attire l'attention d'une des deux mécontentes.

— Tu l'as appris par cœur le texte ? Me demande une mécontente.
— Ben... Oui. Je dis.
— Ah bon ? Elle me gueule l'autre mécontente. Fallait l'apprendre ?
— Ben... Oui. Je crois.
On dirait qu'elle m'en veut.
L'autre ne dit rien.
— Tu l'as appris par cœur toi ?
Une mécontente demande à l'autre.
— Non. Répond l'autre mécontente.
Et toi ? Elle demande à la troisième.
La troisième dit que oui.
Elles sont encore plus mécontentes.

La directrice de casting vient.
— C'est à qui ?
Une des mécontentes se lève et part avec la directrice de casting.
Elle porte une jupe et des talons.

Nous ne sommes plus que trois. En jupe et en talons.
Oh mes pieds... Ça me fait si mal.
Je vais sortir un peu mes pieds des chaussures.
Discrètement, je fais glisser mes talons hors des étaux.
Ouf... Je respire.
Silence.

— S'te plaît. Demande la mécontente qui est restée à la fille qui dit rien.
— Oui ?
— Ça te fait chier si je passe avant toi ?
— Oui. Elle lui répond.
— Ah c'est cool merci.

Silence.

J'ai un cœur dans chaque pied.
Le sang revient lentement. Je le sens passer.
Ma parole, mais elles sont trop petites ces chaussures.
Je n'en n'ai pas d'autres sur moi. Tant pis...

J'ai attendu une heure dix.
De toutes façons, j'avais rien d'autre à faire.
Quand la dernière actrice est partie, j'ai eu du mal à pousser mes pieds dans les chaussures.
Ça a fini par rentrer.
La directrice de casting est venue me chercher.
— Tu es la dernière. Elle dit.
J'entre dans la pièce.
Mon agent avait raison. Il y a le réalisateur.
— C'est la dernière ? Il demande inquiet.
— Oui. Elle répond.
— Ouf... Il fait.
La directrice de casting prend ma feuille.
— Ton dossier... Ton dossier...
Elle cherche mon dossier.
Le réalisateur me regarde. Je suis assise sur une chaise.

La directrice de casting a trouvé mon dossier.

— Ah ça y est. Elle dit.

Elle donne mon dossier au réalisateur.

Le réalisateur regarde ma photo.

Ma photo est agrafée avec mon CV.

— T'es lyonnaise ? Il me demande.

— Oui.

— Attends, je vais allumer la caméra. Elle dit la directrice de casting.

— Tu peux te lever s'il te plaît. Elle demande.

Je me lève. La directrice de casting me filme.

— Tu peux nous montrer tes profils ?

Je montre le droit. Je montre le gauche.

— Tu peux marcher s'il te plaît.

Je ne peux presque pas.

Je me force.

— Tu as mal aux pieds ? Il demande le réalisateur.

Le réalisateur rit. C'est vrai que c'est drôle. Je pense. J'ai mal aux pieds, et après je dois encore marcher jusqu'au métro. J'en ai pour trois quarts d'heure et après je dois encore marcher dix minutes jusque chez moi !

— Raconte-moi tes plus grosses galères. Il dit le réalisateur.

Je cherche.

— T'as déjà volé ?

— Ben... Non... Oui... Des collants peut-être...

— T'as déjà participé à un casse ?

— Non.

T'as déjà pris de la drogue ?

— Non.

Le réalisateur soupire.

— T'as déjà couché avec des mecs ?

— Ben...

— Avec plusieurs ?

— Non.

— Tu t'es déjà embrouillée avec ton père ?

Bon ça tombe mal, je ne connais pas mon père. Je sens qu'il faut que je dise oui.

— Oui. Je dis.

— À cause de quoi ?

— Ben... Heu... J'étais rentrée trop tard...

Je rentre chez moi.

J'éclate en sanglots.

— Il a dit que j'étais trop lisse. Que je n'étais pas le personnage. Que je n'avais rien vécu. Que je ressemblais à toutes les petites bourgeoises dont tout le monde se fout.

Il m'a dit que pour être actrice, « il faut manger de la merde pour chier des étoiles... »

J'ai pas du tout envie de manger de la merde.

Je me regarde dans la glace.

Putain mes pieds... J'ai mal.

Est-ce que je peux vraiment chier des étoiles ?

7

Samedi.
Je suis dans mon lit. Il fait chaud dans mon lit. Le poids de ma couette m'écrase.
J'ouvre un œil. Je regarde l'heure. Il est 9 heures.
Je vais traîner toute la journée ! Cette perspective me ravit.
Je vais prendre un bain avec de la mousse. Je vais mettre de la musique dans la salle de bain.
Je vais téléphoner à mes copines de mon bain.
Après je retournerai me coucher. Je mangerai dans mon lit. Je boirai dans mon lit. J'apprendrai mon texte dans mon lit.
J'apprends le texte de la pièce que je vais jouer : *Œdipe à Colone*.
Je vais jouer Antigone.

« Mon pauvre pauvre père, Œdipe, des murs qui protègent une ville, si j'en crois mes yeux, tout là-bas,
Ici un lieu sacré, il semble bien :

Le laurier, l'olivier, la vigne nombreuse, et sous ses couverts chante une volée de rossignols.
Repose-toi sur cette pierre sauvage,
Tu as longtemps marché pour un vieil homme. »
Sophocle/Bayen.

— Que c'est beau... Je pense. Je suis ravie...

Un bruit énorme ! Les murs de ma maison tremblent ! C'est le bruit de la perceuse... J'avais oublié.

Il y a des travaux chez moi. Ils sont trois ouvriers dans mon salon. Robert s'occupe du gros œuvre. Sbichek est électricien. Christophe est peintre plâtrier. Ils ont les clés. Ils commencent à 8 heures tous les jours. Ils travaillent aussi le samedi.

Un coup de marteau — La perceuse — Dix coups de marteau — La perceuse.

Les ouvriers se répondent. Ils font un concert chaque jour. Même le samedi.

Chaque jour le concert démarre à 8 heures très précises. Je n'assiste que très rarement au concert des ouvriers. Les autres jours de la semaine, je tourne dans un film.

Les autres jours de la semaine, un chauffeur m'attend en bas de chez moi à 7 h 45.

Aujourd'hui, c'est repos. Aujourd'hui, c'est le weekend.

Aujourd'hui, je vais plonger dans mon texte. Sophocle/Bayen...

Est-ce que le toit de mon appartement ne va pas finir par tomber sur moi ? La structure va s'écrouler c'est sûr ! Ce bruit n'est pas le bruit d'une perceuse. Ils y vont carrément au bulldozer !

Les murs de ma chambre tremblent. Le plafond sursaute de façon inquiétante !

Il ne faut pas que je moisisse ici moi ! Il faut que je me sauve avant que le plafond ne se casse la gueule sur moi. Je jette la couette hors de mon lit.

Je saute dans un jean. J'enfile un T-shirt. Je mets mes Nike façon savates.

Je parcours le long couloir qui m'emmène sur le chantier. Le chantier, c'est mon salon.

C'est comme ça qu'ils disent les ouvriers qui travaillent chez moi :

— On arrive sur le chantier à 8 heures très précises madame. Madame c'est moi.

— On repart du chantier à 18 heures. Madame.

— Une heure de pause madame, pour déjeuner.

— On travaille du lundi au samedi.

— Monsieur Stanislas dit qu'il est d'accord. Est-ce que c'est d'accord madame ?

Monsieur Stanislas est le patron de l'entreprise qui les emploie.

Monsieur Stanislas est un homme compréhensif. Il fait partie des entreprises de rénovation les moins chères de Paris. Ses ouvriers travaillent vite et bien.

— C'est très dur de trouver de bons ouvriers aujourd'hui. Des fainéants, ça il y en a ! Mais des bons ouvriers comme ceux-là ! Vous pouvez toujours chercher !

Monsieur Stanislas a plusieurs chantiers en attente. Ses bons ouvriers ont une prime à chaque chantier terminé. Ses bons ouvriers veulent travailler le samedi. Monsieur Stanislas est d'accord.

– C'est d'accord. J'ai dit aux bons ouvriers il y a deux semaines. Madame a dit d'accord.

J'arrive sur le chantier.

La poussière est si épaisse que je ne peux pas bien voir les bons ouvriers. Ils sont cachés dans l'épais nuage de poussière.

Robert est mon interlocuteur principal. Je l'aime bien Robert. Il est petit. Il est trapu. Il a un sourire d'enfant. Sur mon chantier, il est content Robert.

– On a commencé plus tard pour vous laisser dormir. Il me dit avec un grand sourire Robert. C'est vrai. Ils m'ont laissé une heure.

Soixante minutes de plus pour dormir. Robert sait que je suis fatiguée. Il comprend.

Maintenant, le concert est commencé. Il est commencé, et il démarre en fanfare le concert. Je traverse la poussière.

– Bonjour Sbichek. Bonjour Christophe.

– Bonjour Madame.

– Bonjour Madame.

Robert est le seul à m'appeler par mon prénom. Il faut dire que je connais Robert depuis trois ans.

Je déménage chaque année depuis trois ans et c'est à chaque fois Robert qui répare les vieilles baraques que j'achète.

Robert est un magicien.

Robert vient me rejoindre dans la cuisine.

— J'ai fait du café pour vous. Il me dit Robert.

Robert est un homme de trente-trois ans. Il est très attentionné. Il dit que je suis gentille, surtout pour une actrice, alors c'est normal qu'on soit gentil avec moi.

Moi je sais qu'il va me demander quelque chose Robert. Il va me demander quelque chose lundi ou mardi.

— Sylvie, est-ce que c'est possible que tu ailles acheter quelque chose pour nous ? Il me demande Robert.

Ah non. Je me suis trompée, c'est tout de suite qu'il me demande quelque chose.

— Quoi ? Je demande.

J'attrape la cafetière. Je me verse du café.

— Stanislas ne pourra pas venir aujourd'hui... Il me manque du sable pour moi. Pour Sbichek, des interrupteurs et pour Christophe de l'enduit pour les murs.

Stanislas est coincé avec sa voiture à Rambouillet.

On n'a plus de matos. On ne peut plus avancer.

Robert a fait une liste.

Je bois un peu de café.

Robert pose sa liste sur la table. Robert retourne au chantier.

Il est bon le café de Robert...

Perceuse — marteau — perceuse — marteau...

Concert violent.

La liste :
- 3 sacs de sable
- 5 interrupteurs blancs « Legrand »
- 1 double interrupteur « Legrand »
- 2 va-et-vient « Legrand »
- 3 sacs d'enduit
- 1 boîte de vis

Je vais prendre mon petit-déjeuner dans le fracas des coups de marteau et le chant lancinant de la perceuse. Ensuite, je vais aller me détendre en faisant les courses pour les bons ouvriers qui ne pourront plus travailler si je ne me grouille pas.
Je suis presque déjà habillée. J'enfile mes Nike entièrement.
Je prendrai ma douche en rentrant.
J'accroche mes cheveux avec l'élastique qui traîne dans la poussière qui émane de mon chantier.

Je saute dans ma voiture mal garée.
C'est bien que je la prenne : il n'y a jamais de place en bas de chez moi.
Il n'y a jamais de place, mais il y a toujours des poseuses de PV. Ma rue, c'est leur endroit préféré dans Paris. Elles y marchent par groupe de quatre. Elles adorent mon pare-brise les poseuses de PV. Sur ma voiture, il m'est arrivé de trouver jusqu'à trois PV en une seule matinée, entassés sous mes essuie-glaces. J'ai bien pensé à retirer mes essuie-glaces, mais on n'a pas le droit.

— Décidément, ça devient difficile de vivre comme un sagouin dans Paris. Je pense.

Le soir, je ne peux pas mettre de musique pour me détendre, j'ai un voisin qui a l'oreille fine. Mon voisin appelle les îlotiers au premier accord de guitare que chantent mes baffles.

Le PV des îlotiers, on s'en souvient, on n'y retourne pas si vite.

Quand mon chien chie ailleurs que dans mon salon, c'est-à-dire dans la rue : PV. Je dois ramasser ses déjections ou bien payer l'amende. J'ai bien pensé à le tuer, mais le mobile m'a semblé trop léger.

Je roule pendant des heures par peur d'avoir à arrêter ma voiture. Je n'ai jamais vu une contractuelle courir après une voiture pour y glisser un PV.

Parking du BHV. Le parking Lobau.

Je mets ma carte bleue direct dans l'appareil. Je ne demande pas de ticket, ça m'évite de passer à la caisse automatique du — 1 pour payer avant de redescendre au — 3.

Je suis venue cent fois dans ce parking. Je n'ai jamais réussi à me garer ailleurs qu'au niveau — 3.

Les voitures avant le — 3 ne sortent jamais de leur place. Elles les ont trouvées, elles les gardent ! Les voitures qui bougent tout le temps n'ont qu'à descendre au — 3.

La barrière se lève.

Je passe devant celles du — 1. Celles du — 2. Peut-être que c'est des voitures de collection ?

— Pièce de musée ! Coquilles vides ! Je les insulte. Ça me fait plaisir. Je suis gentille pour une actrice, au volant de ma voiture, j'ai des doutes.

Je remonte vers le BHV.
Sous-sol. Outillage ? Rayon électricité ?
— C'est écrit sur les panneaux ! Il me hurle le mec en veston rouge avec son prénom-badge broché sur le veston.
Mal embouché le type... Il aime pas qu'on lui demande des trucs dont il a rien à foutre « Patrick ».
Je regarde tous les panneaux. Je dois faire gaffe. Les panneaux sont très hauts, je pourrais télescoper un autre client qui lirait les panneaux.
Robinetterie. Clous. Bois. Plomberie... Vis.
— Ah ! Tiens ! Vis, ça j'en ai besoin ! Des vis, j'en ai sur ma liste.
Je trouve aussi les interrupteurs. Le vendeur a été très aimable. Il m'a conseillée. Je lui ai montré ma liste, il m'a sorti tous les interrupteurs pour Sbichek. J'ai les va-et-vient. Le double interrupteur. Le simple. Le tout « Legrand ».
Il me faut le sable.

— Le rayon « construction » est à l'opposé du rayon électricité. Il m'a dit gentiment le vendeur d'interrupteurs.
Le rayon sable ça n'existe pas ici au BHV...
— Ah bon...
— Prenez un caddie. Il a ajouté le vendeur avant que je ne quitte son stand.

— Ah ben je comprends ! Je suis devant le sable.

Les sacs de sable ne se vendent que par sac de 25 kilos ! Sur ma liste c'est marqué 3 sacs de sable !

Il est complètement flingué ce pauvre Robert ! Comment je vais porter ça moi ?

25x3 ça fait 75 kilos non ? Moi je ne pèse que deux sacs !

Je suis absolument affolée.

Un vendeur de sable m'a mis les trois sacs sur un chariot qui est à peu près à « hauteur de coffre de voiture » il m'a dit.

— Prenez l'ascenseur qui se trouve derrière le rayon électricité.

— Chouette ! Je vais me refaire tout le sous-sol en sens inverse avec mon chariot énorme et très difficile à pousser dans la cohue du samedi après-midi au BHV.

Tous les Parisiens sont au BHV le samedi après-midi. La moitié d'entre eux a un chantier à la maison. Ils sont tous en course de détente pour leurs bons ouvriers.

J'ai poussé des râles de galérien dans le parking.

— À hauteur de coffre !

Lequel des trois sacs de 25 kg était à « hauteur de coffre » ?

Je suis épuisée.

J'ai laissé mon permis de conduire à la caissière. La caissière ne me rendra mon permis que si je lui rends son chariot. Vraiment pas une ville pour les sagouins.

Je referme la voiture.

J'ai quand même bien envie d'aller voir au quatrième moi.

C'est l'étage décoration. C'est l'étage luminaire.

C'est l'étage de la détente. J'y ai droit ! J'ai travaillé dur cette semaine. Je vais me balader au royaume de la consommation qui fait rêver.

J'arrive au quatrième. Il fait mille deux cents degrés. Toutes les lampes sont allumées. Je suis en sueur. C'est joli toutes ces lampes. Il y en a des rouges. Des vertes. Des bleues. Des moches. Des jolies ! Des très jolies !

Je tourne autour des lampes.

Quand ça sera fini mon chantier, je mettrai une lampe un peu dans ce style près de mon canapé. Une lampe comme celle-là pas loin de ma télé.

Je cherche des lampes. J'ai tant besoin de lampes. Oui. C'est ça qu'il me faut aujourd'hui, c'est des lampes !

Je suis fascinée par les lampes. Je pense à Sophocle/-Bayen... Je suis ravie.

« Oh étrangers, vous qui respectez le malheur !
Vous n'avez pas laissé parler mon père, parce que vous avez entendu les crimes qu'il a fait malgré lui,
Eh bien c'est moi qui vous supplie comme une pauvre malheureuse. »

Un homme est là. Il me sourit. Il est près de la lampe que je regarde. C'est la lampe pour à côté de mon canapé.

Il a l'air bizarre. L'homme me sourit. Il est très près de la lampe. Il veut sûrement acheter la lampe. Moi je ne veux pas exactement cette lampe.

Je m'écarte. Je vais lui faire comprendre qu'il n'a rien à craindre. Il peut acheter la lampe. La lampe lui appartient déjà.

Je m'éloigne. J'ai subitement besoin d'ustensiles de cuisine.

Rayon cuisine. Ma cuisine est presque finie. Ma cuisine ne s'appelle déjà plus chantier.

Ma cuisine s'appelle cuisine. Je vais pouvoir tout acheter !

Ma cuisine est en alu brossé et en bois.

Je trouve des merveilles. C'est la caverne d'Ali Baba le rayon cuisine du BHV.

Des fourchettes. Des couteaux. Des grosses cuillères. Des petites cuillères. Des tasses... Je suis ravie. Comme je me détends !

Bravo ! J'ai eu une très bonne idée. Je suis chargée comme une mule, mais je suis ravie et très détendue.

Il faut que je me dépêche. Ça fait longtemps que je suis là. Les bons ouvriers de Stanislas vont finir par quitter le chantier. Chômage technique.

Il faut que j'apprenne mon texte. Les répétitions commencent bientôt.

Je passe à la caisse.

Il y a plusieurs caisses au quatrième étage du BHV.

Devant les cinq caisses il y a des queues de gens qui attendent.

Décidément ils sont nombreux venus se détendre au quatrième étage.

Je vais attendre à cette caisse. La caisse numéro 3.

J'attends. C'est lourd.

« *Vous n'avez pas laissé parler mon père,*
parce que vous avez entendu les crimes qu'il a fait malgré lui,
Eh bien c'est moi qui vous supplie » Sophocle/Bayen.

Le monsieur de la lampe est là.

Il fait la queue à la caisse d'à côté.

Il n'a pas acheté la lampe. Ça valait bien le coup de me regarder comme ça.

Il me regarde de nouveau. Il est quand même étrange ce monsieur…

Il me sourit. C'est exactement le même sourire que quand il voulait la lampe.

Oh mais il me fait flipper ce type !

Je vais lui faire mon regard qui fait peur moi aussi.

Je le regarde. Tout droit.

Ça ne marche pas du tout. Le drôle de type n'a pas peur.

Il me sourit encore plus.

Bon. Cette fois c'est trop. Je vais lui dire qu'il arrête ou je lui en fous une en pleine tête !

— Préparez quelque chose en ce moment ? Il me demande soudain, le type.

Qu'est-ce qu'il dit ? Je me demande.

— Pardon ? Je dis.

— Préparez un film en ce moment ? Il me demande le type.

Oh ! Quelle chance ! J'ai toujours rêvé d'être une actrice reconnue et admirée. Une actrice à autographes !

Je suis au quatrième étage du BHV. Je n'ai pas pris ma douche. J'ai les cheveux remontés sur le sommet de mon crâne. Ma mère s'y reprendrait à deux fois pour me reconnaître et lui, le drôle de type me demande si je prépare un film.

Je suis absolument mal à l'aise dans la queue numéro 3. Ici, pas d'assistant. Pas de projecteur, pas de micro-cravate. Mes Nike, mon T-shirt et les soixante articles que je m'apprête à payer à la caisse. Heureusement que je ne lui ai pas dit que j'allais lui déformer la tête par les coups violents que je voulais lui assener.

— Euh... Oui... Je prépare...

— Vous pouvez me faire un autographe ? Il me demande de sa queue de la caisse numéro 4.

La dame devant moi se retourne. Elle me regarde de la tête aux pieds. Des pieds à la tête. Une fois. Deux fois. La dame devant moi dans la queue s'interroge.

Non. Vraiment. Elle a beau regarder. M'a jamais vue la dame de devant moi. Elle jette un dernier coup d'œil. Ma tête ne lui dit vraiment rien.

Comprend rien la dame. La dame me remontre son dos.

— Un autographe ? Là ?... Maintenant ? Je n'ai rien pour écrire. Je réponds au drôle de type.

Le drôle de type ne se laisse pas décourager si vite. Le drôle de type se retourne vers la cliente de derrière lui dans sa queue.

— Vous avez un stylo s'il vous plaît ?

Je suis très gênée.

La dame de derrière le type sourit. Elle a suivi la discussion.

— Mais oui j'ai un stylo. Elle dit.

La dame fouille dans son sac. Les gens des queues numéro 3 et 4 me dévisagent. Ils se parlent dans les oreilles.

Derrière moi. Un garçon me tapote sur l'épaule.

— Oui ? Je dis en me retournant.

— Vous vous appelez comment ? Il me demande.

Oh mon Dieu ! Ils ont tous décidé que je vais claquer un samedi après-midi au quatrième étage du BHV ! Motif de crevaison : la honte.

— Je m'appelle Sylvie Testud. Je murmure.

— Vous êtes qui ?

— Ben... euh...

Ça y est le type à la lampe a trouvé son papier et son stylo.

Je dois faire un autographe dans la queue du quatrième étage au BHV devant les clients des queues qui me regardent.

Je pose mes articles autour de moi.

Je suis l'attraction du samedi après-midi au BHV. Même les caissières me regardent.

« Amitié. Sylvie Testud. » Je signe sur le papier du type à la lampe.

Le type est content. Il se remet dans sa queue.

Le drôle de type renseigne les questionneurs à mon sujet.

Le drôle de type renseigne très fort !

— C'est une actrice. Il beugle le dingue.

— Ah ouais ? Elle a joué dans quoi ? Il demande le garçon derrière lui.

— Ben...

— Ah mais ça y est ! Je sais ! C'est toi qui fait la meuf qui bouffe la tarte de sa sœur dans *Les sœurs assassines* ? Il beugle à son tour le garçon.

Je l'ai vu c'est passé à Canal ! Vas-y moi aussi s'te plaît tu peux me faire un autographe ?

— Euh oui... Bien sûr... Je dis.

Je signe d'une main tremblante le papier que le garçon me tend.

Pourvu que ça s'arrête ! J'ai envie de jeter les articles par terre et prendre la fuite.

— T'es cool en plus et t'es mignonne ! Ah ouais ! Dans le film t'avais une pauvre tête, mais là, franchement, t'es kiffante !

Je comprends que c'est un compliment. Je fais un sourire un peu crispé, mais un sourire.

La dame de devant moi marche à l'envers à présent.

Elle ne peut plus se retourner dans le sens de la queue.

Elle est sceptique la dame de devant moi.

On la lui fait pas à elle.

— C'est quoi vote nom ? Elle me demande finalement, comme un inspecteur de police, la dame de devant moi.

— Sylvie Testud. Je réponds.

— Et vous faites l'actrice dans quoi ?

Ouf ! Trois fois Ouf ! L'inspecteur de police est coupé par une jeune fille qui me tend un papier et un stylo.

— Je fais la collection des photos d'actrices filles.

Ça tombe bien, je suis pas une actrice fille.

Il y a une mini queue qui s'est formée devant moi. On me demande de signer les morceaux de papier qu'on me tend.

— Et vous avez joué dans des films drôles ? Me demande la dame qui me tend son papier.

— C'est pour ma fille, me dit le monsieur qui me tend son stylo. Elle adore le tennis.

J'ai signé une vingtaine de papiers à des gens qui me prenaient pour la tennis woman du même nom. Pour des gens qui m'ont dit :

— Je vous connais pas, mais je collectionne les autographes de star, on ne sait jamais.

La dame de devant moi dans la queue a fait la queue à l'envers. Elle m'a regardée tout le temps de mon humiliation. Elle ne m'a pas demandé d'autographe. Elle ne voyait vraiment pas pourquoi je faisais tant de remue-ménage. La dame de devant moi dans la queue a payé ses articles. La dame de devant moi dans la queue est partie à l'endroit sans se retourner.

J'ai regagné ma voiture.

« Eh bien c'est moi qui vous supplie, comme une pauvre malheureuse,

étrangers, ayez pitié de moi,

quand pour mon père là tout seul, je vous parle en face ! » Sophocle/Bayen

Je suis rentrée chez moi. Les trois bons ouvriers sont venus chercher le sable, les interrupteurs et les vis.

Robert a dit :

– Il fallait aller chez Leroy Merlin pour le sable ! Celui-là coûte trois fois plus cher.

– C'est pas grave. J'ai répondu.

– Remarquez, le BHV, c'est pas loin. Vous avez gagné du temps. Le temps c'est de l'argent. Il m'a dit Robert.

– Oui. J'ai gagné du temps. J'ai répondu.

8

Quoi ? Quoi ? Il me demande de sauter par la fenêtre ? Il est presque huit heures. Le matin. Je suis au HMC. HMC veut dire Habillage — Maquillage — Coiffure. HMC, c'est plus simple à dire et plus rapide à écrire.
Je viens tout juste d'arriver pour me faire maquiller et ce matin, le réalisateur me demande de passer par la fenêtre.

— Tu me demandes de sauter par la fenêtre ? Je demande au réalisateur.
Le réalisateur fait un mouvement de tête imprécis qui veut presque dire oui.
Je comprends qu'il me demande de me suicider.
Ce mouvement de tête imprécis me suffit pour donner ma réponse.

— C'est non. Je ne saute pas par la fenêtre. Je dis.
Je n'ai pas envie de mourir, même si c'est pour la

bonne cause. Je n'ai aucune fascination pour le sacrifice. Le danger ne m'excite pas. J'appartiens à la catégorie des minables. Quand je monte dans une voiture, je mets ma ceinture, j'ai peur d'avoir un accident.

— Le cascadeur est là pour t'assurer. On me dit.

— Personne n'a besoin de m'assurer ni de se faire de soucis pour moi, je n'ai aucune intention de me défenestrer.

J'ai répondu non à la question. Je ne veux rien entendre. Je ne veux même pas imaginer une seconde de passer par la fenêtre.

Je lis la déception dans les yeux des personnes présentes. Ma passion pour ce film serait-elle limitée ?

— Ce n'est pas vraiment une cascade. La cascadeuse est là exprès pour la cascade.

C'est juste un saut à faire. Il dit le réalisateur qui essaie de sauver ma réputation. Une actrice à moitié passionnée, c'est mauvais ça pour la suite !

— Tu sais sauter quand même ?

On va voir que ce n'est pas toi qui saute. C'est un plan assez gros. On voit le visage. Il me dit le régleur de cascade.

— Mais je ne veux faire croire à personne que je saute par la fenêtre ! Je commence à m'énerver.

— Ton personnage doit sauter par la fenêtre Sylvie. Me dit le réalisateur qui commence à s'impatienter.

— Eh bien qu'il saute mon personnage ! Je hurle au réalisateur.

Que mon personnage saute, mais qu'il saute par la

fenêtre seul ! Il n'a pas besoin de moi pour sauter par la fenêtre.

— Ça ne va pas faire la blague.

« Faire la blague », dans le jargon des régleurs de cascades, ça veut dire : fonctionner.

— La blague ? Je demande. Faire la blague ? Tu appelles ça une blague ? Tu trouves ça drôle, toi, que je saute par la fenêtre ?

— Tu ne sais pas sauter Sylvie ? Il me demande.

Je reste muette. Je préfère ne même pas répondre.

— Tu sais, ce n'est vraiment pas dur de sauter. C'est comme quand tu apprends à nager. La première fois qu'on te jette dans une piscine et que tu ne sais pas nager, tu as un sentiment d'angoisse et après c'est le pied total !

Ah oui. Il a raison le cascadeur. Je vais emmener mon amie qui ne sait pas skier à la montagne. Je me demandais comment lui apprendre à skier. Olivier, régleur de son métier, vient de me donner la solution. Je vais mettre ma copine sur des skis et je la jetterai dans la pente.

Au début elle aura peur et ensuite ce sera le pied total.

— C'est son métier à Olivier. Il a l'habitude. Tu peux lui faire confiance. Il ne te laissera pas tomber. Il me dit le réalisateur.

Oui je vais lui faire confiance à Olivier qui débarque un beau matin à huit heures dans ma loge.

Olivier me demande de sauter par la fenêtre, de tomber de trois mètres de haut et de m'écraser sur un cube de bois posé sur le toit de l'étage du dessous.

La maison date du dix-septième siècle. Le toit du dessous en question tient debout grâce à des étais calés par le chauffeur qui m'a conduite ce matin.

— Je le fais avant toi pour te montrer. Il me dit Olivier. Si je me casse la tête, alors tu ne sautes pas.

Il ne va pas avoir besoin de sauter par la fenêtre pour se casser la tête, Olivier, s'il continue.

Je vais la lui casser tout de suite comme ça c'est réglé. Je pense.

Je ne sais pas sauter, mais je sais sûrement casser une tête pour sauver la mienne.

— C'est non. J'ai dit.

Je sens que la situation va tourner au vinaigre.

Le réalisateur insiste. Il connaît Olivier. Il a fait des films avec Olivier. Olivier est régleur de cascades. Le réalisateur lui fait confiance.

— Eh ben moi, je ne le connais pas Olivier ! Je gueule dans la loge.

Je ne parviens plus à me contenir.

La situation tourne au vinaigre.

— Je ne fais pas confiance moi ! Un mec qui veut que je tombe d'une fenêtre ? C'est non ! C'est non et non ! Pour la confiance, revenez plus tard !

Devant tant de détermination, le silence s'impose. Je ne l'aime pas ce type qui jette les gens qui ne savent pas nager dans les piscines.

— On va faire une autre cascade avec Judith et après peut-être que... Il dit Olivier au réalisateur.

Peut-être que quoi ? J'ai envie de demander. Peut-être que des ailes vont me pousser ?

Quand elle est tombée, il a dit : « C'est la première fois que ça arrive. »

Moi aussi je pouvais la dire cette phrase. Moi aussi je l'ai appris le scénario de « c'est la première fois que ça arrive ».

Quand elle est tombée, tous les « C'est la première fois que ça arrive » alors que c'était logique que ça arrive, me sont revenus dans la tête.

Cette phrase qui indique que, c'est sûr et sans danger, à tous les pourcents, m'a résonné dans les oreilles plusieurs fois. Cette phrase, je l'ai entendue quatre ans auparavant alors que je tournais un film en Autriche.

Il y avait un spécialiste en cobras.

Quatre ans plus tôt, un hiver à Vienne :

Oh mon dieu ! Le sac que le monsieur tient à la main bouge !

— C'est votre serpent qui bouge là-dedans ? J'ai demandé au spécialiste en cobras.

Le spécialiste en cobras était content. J'avais peur du sac en toile.

J'avais peur quand le sac en toile bougeait.

— Ne vous inquiétez pas, c'est un cobra dressé. Il m'a dit le spécialiste en cobras.

La scène : Nous étions dans un jardin d'hiver. Le jardin d'un grand couturier. Dans une cage, il y avait le cobra. J'ai refusé d'approcher de la cage.

Quand ils m'ont demandé de mettre mon visage à une distance de vingt centimètres des barreaux, j'ai refusé.

Les barreaux étaient suffisamment écartés pour que le cobra s'échappe ou jaillisse hors de sa prison.

Je n'ai pas l'étoffe des héros moi. Je ne l'avais pas non plus il y a quatre ans.

— Il sait qu'il doit rester en place. Il ne sortira pas de la cage. Il m'avait dit le spécialiste en cobras.

J'avais peur du cobra. J'avais peur de ses yeux. Le cobra fixait la pièce avec insistance. Le cobra me regardait. Le cobra semblait amusé par la situation.

— C'est un spécialiste. Fais-lui confiance. C'est son métier. Il m'avait dit le directeur de production qui en avait marre de mes simagrées.

— Ils sont tous fous ma parole ! Ils ont tous été élevés avec des serpents ? Je m'étais demandé.

Un des animaux les plus dangereux au monde se trouvait ici dans une cage.

Une cage est un contenant qui ne correspond pas à l'espèce des serpents. Les serpents vivent dans la jungle ou dans des aquariums hermétiques. Là, non. Le serpent était dans une cage de laquelle il pouvait sortir en un éclair, et tout le monde trouvait ça normal.

Moi, je devais faire confiance.

Ils ne voulaient pas que je l'embrasse ? Avait-on bien fait les présentations ? Il n'allait pas se vexer au moins ? J'avais regardé le cobra longuement dans sa cage. Faire confiance... Faire confiance...

— La confiance, ça se gagne ! La confiance se mérite ! La confiance n'est pas un présent de bienvenue, ni une politesse ! J'avais hurlé aux oreilles du spécialiste en cobras. J'avais hurlé à l'équipe. J'avais hurlé au cobra.

Comme j'ai hurlé ce matin que Non ! Je ne sauterai pas par la fenêtre.

— C'est non. Je ne m'approcherai pas plus près de la cage que ça. J'avais dit.

Je m'étais vissée à huit mètres de la cage. J'étais dans la même pièce que le serpent et c'était déjà bien je pensais.

Le cadreur, le réalisateur, toute l'équipe, ils étaient très embêtés avec une actrice qui refusait de se mettre à la bonne place. Une actrice qui refusait de faire confiance.

Le reptile et moi n'avons jamais été dans l'image en même temps parce que j'étais trop loin.

Tant pis. J'avais dit non. C'était non. Un refus catégorique. Un NON tout ce qu'il y a de plus clair. Un refus total de discuter. Bouchée à l'émeri. Rien voulu entendre. Je ne voulais pas m'approcher du serpent, je ne me suis pas approchée du serpent.

Devant tant de mauvaise volonté, plus personne n'avait essayé de me convaincre.

Au curriculum vitae de l'actrice Testud rajouter : Actrice limitée. Refuse de tourner avec les serpents même gentils.

Comme pour Olivier le régleur de cascade ce matin.

Au CV rajouter : Actrice qui refuse de passer par la fenêtre.

Bulletin de fin de trimestre : Médiocre. Aucun progrès. Sylvie stagne depuis des années.

111

Sylvie fait preuve de mauvaise volonté devant les efforts qu'on lui demande de fournir.

À l'école des acteurs dévoués, Sylvie porte le bonnet d'âne.

— M'en fiche ça amortira le choc si dans un autre film on me demande de recevoir le toit de la maison sur la tête.

— Monsieur s'il vous plaît ? Vous pouvez vous approcher de la cage ? On a demandé au figurant qui se trouvait à ma droite.

Parfait. Aucun problème. Le figurant était très ami avec les cobras. Pas étonné qu'on lui demande de se coller au serpent.

Oui, il voulait bien avancer près du cobra le monsieur.

Ils sont à enfermer. J'avais pensé. Le serpent va les tuer un par un.

Je vais être le témoin d'un massacre abominable. Je craignais.

L'animal se tenait tranquille pour mieux attaquer plus tard. Son œil n'était pas honnête. Ça se voyait même à huit mètres de distance. Ce serpent n'avait pas l'air gentil du tout.

J'étais prête à bondir hors de la pièce au moindre mouvement qu'il ferait. Cet animal de malheur aurait dû rester dans sa jungle. Bien planqué.

Non ! Il a fallu qu'il se fasse attraper et se fasse mater par un spécialiste. Il devait être déjà un peu idiot ce cobra au départ.

— Retourne dans ton sac, rembarque ton spécialiste et va-t'en ! J'avais envie de dire au serpent.

Le monsieur était à vingt centimètres de la cage.

J'avais si peur pour le monsieur.

— Ça va monsieur ? J'avais demandé au figurant.

J'espérais qu'il me dirait non. Je l'aurais défendu.

J'aurais dit qu'on n'a pas le droit de faire ça.

— Oh... Je n'ai pas du tout peur des serpents. Il m'a répondu le figurant à vingt centimètres de la cage.

Bulletin de fin de trimestre pour le monsieur figurant : Excellent.

— C'est normal qu'il gonfle son cou comme ça le serpent ? J'ai demandé du fond de la pièce.

— Il essaie d'impressionner le monsieur, c'est tout. Même s'il voulait, il ne pourrait pas l'empoisonner. Il ne pourrait que le mordre. Il n'a plus de venin. M'a répondu le spécialiste.

— Tranquille Titi. Il a dit à son serpent ensuite.

Son serpent s'appelait Titi.

— Moteur.

— Tourne.

— Action.

J'enlevais mon manteau. Dans la scène, j'arrivais à la réception chez le grand couturier...

— AHHHHHHHHHHHH !

Oh mon Dieu ! Le monsieur figurant était couché par terre ! Que se passait-il ?

— Appelez une ambulance ! Il gueulait maintenant le spécialiste en cobras. Il a une demi-heure pour se rendre à l'hôpital, sans quoi il perdra la vue.

Titi le cobra ne pouvait pas mordre. On l'avait vidé de son venin avant de venir jouer dans le film.

Mais Titi pouvait cracher. Le spécialiste nous a expliqué que très rarement les cobras sauvages visaient les yeux des gens et crachaient. Dans le crachat de cobra, il y a un poison qui rend aveugle en une demi-heure.

L'ambulance est arrivée à temps.

Ouf... Tout le monde était soulagé. L'œil du monsieur figurant était sauvé.

Le spécialiste du cobra a rangé son serpent dans son sac en toile.

Il était un peu emmerdé :

— C'est la première fois que ça arrive. Il a dit.

Titi a fait tant de films... Titi n'a jamais craché dans l'œil de personne. La tête du monsieur a dû lui faire peur...

Titi avait des caprices de star. Il jugeait les clients à leur tête.

Je sors de mes souvenirs quand Judith, une jeune femme de vingt-cinq ans, entre dans la loge maquillage.

— Bonjour. C'est moi qui vais te doubler dans les cascades aujourd'hui. Elle me dit Judith, la cascadeuse. Quand elle entre dans la loge.

— Enchantée. Je réponds.

Je suis déjà plus calme. La cascadeuse est là. Sa présence me rassure.

Comme une promesse. Elle va me sauver. Elle va sauter. Moi non.

Judith a du courage. Un jour Olivier l'a jetée par la fenêtre, depuis elle sait sauter par les fenêtres.

Nous sommes côte à côte pendant qu'on lui ajuste la perruque qui la fera me ressembler.

C'est vrai que de face, Judith ne me ressemble pas beaucoup. Je pense.

Judith est métisse.

– M'en fiche. Je ne sauterai pas. Je pense. Je ne veux pas être jetée par la fenêtre, ni apprendre à sauter.

Olivier est de retour dans la loge maquillage -coiffure. Il est concentré.

Olivier ne me voit plus. Je n'ai pas voulu sauter par la fenêtre. Je suis une mauviette. Il préfère ne même plus savoir que j'existe. Olivier parle dans les oreilles de Judith. Il lui murmure des informations. Elle fait signe qu'elle enregistre les indications.

Judith a confiance.

Je les regarde.

Ils rient. Ils sont bien. Moi je suis tout à fait mal. J'ai refusé de sauter par la fenêtre. Je n'ai plus de scène à faire pour ce matin. Plus personne ne s'occupe de moi. Je suis dans la loge.

Je rumine. Ai-je raison ? Ai-je tort ? Non. Décidément, le risque est trop grand. Je pense. J'ai raison. Je les regarde.

Ils s'échauffent. Judith doit sauter du toit sur la camionnette du laitier.

Une grue. Au bout de la grue, la caméra prête à filmer l'action d'en haut.

Une deuxième caméra en bas, prête à filmer au ralenti..

Une troisième caméra derrière Judith. Cette caméra filmera l'impulsion avant le saut.

115

Judith va faire un saut de cinq mètres. Elle va quitter le toit qui est à sept mètres de haut puis elle va atterrir sur le toit de la camionnette du laitier.Elle ne sera plus qu'à deux mètres de haut. Elle tombera ensuite de deux mètres de haut sur l'épaule. Elle sera sur l'asphalte.

Ca c'est une vraie cascade. Judith n'a pas l'air folle. Elle rit. Elle n'a pas l'air d'avoir envie de se tuer. Elle a confiance. Je la scrute à présent.

Sauter par la fenêtre ? Est ce que je ne risque rien ? On m'assure que je ne risque rien...

Je doute subitement.

Pornic me revient en tête.

Ils disaient pourtant qu'il n'y avait « aucun, aucun » risque.

Pornic. Vendée.

Nous étions sur la plage. C'était l'été. Je portais un jean et un T-shirt manches longues.

— Non. Je ne peux pas faire ça. J'ai dit au dresseur de crabes.

Quand il m'a dit que le crabe avait l'habitude, je n'ai pas accordé ma confiance. Quand j'ai vu les pinces du crabe ouvertes, prêtes à pincer mon bras, j'ai reculé.

On ne devait voir que mon bras dans cette séquence. La stagiaire régie s'est proposée. Elle voulait bien être ma doublure.

— Pourquoi fait-elle ça ? Je m'étais demandé. Je voulais lui raconter l'histoire de Titi le cobra. Je n'ai pas eu le temps.

Pourquoi n'avait-t-elle pas peur ? C'était un gros crabe tout de même. Presque de la taille de ceux que je balance dans l'eau bouillante de ma casserole.

Quand je cuis des crabes, je les jette encore vivants dans l'eau. Sans état d'âme. J'avais du mal à croire qu'on peut dresser un crabe. J'avais du mal à imaginer qu'on peut être ami avec un crabe. Enseigner à un tourteau !

La stagiaire a enfilé mon T-shirt. Elle est allée s'étendre à plat ventre sur le sable.

Le dresseur de crabes tenait son élève, son ami, dans ses mains.

La taille de la bête semblait dépasser la taille de la stagiaire.

J'avais peur pour la stagiaire. Le crabe allait bondir sur elle ! Il allait la pincer dans tous les sens et il mangerait de son cadavre durant des années ! Il allait venger les crabes jetés dans les gueules d'humains ! Quel garde-manger ! Il y en aurait pour toute sa famille crabe ! Mesdames et messieurs, c'était le crabe le plus chanceux de toute l'histoire des crabes ! Ce crabe n'allait plus jamais lutter pour subvenir à ses besoins ni à ceux de sa famille ! On offrait une jeune femme au crabe qui allait bientôt se servir ! Un buffet pour crabes !

Qu'allait-il choisir ? Un doigt ? La main ? Et si le crabe lui arrachait tout le bras ?

Le crabe allait rentrer dans sa manche puis on allait couper et je jouerais alors la réaction. Je devais être contente, chatouillée par un crabe ami sur cette plage d'été.

— Pourvu que j'arrive à oublier que mon bonheur aura coûté la main ou le bras de la stagiaire. J'avais pensé.
— Moteur. Avait dit le réa.
— Tourne. L'ingénieur du son.
— Action. Le réa.
Le dresseur de crabe a posé son animal sur le sable. L'animal était effectivement très bien dressé. Il connaissait son parcours. Il s'est dirigé tout droit dans la manche de la stagiaire régie.
— Plus jamais je ne vais manger de crabe.
Ce crabe est effectivement doté d'un cerveau. Ce crabe sait ce qu'il doit faire. J'ai pensé.

Le crabe s'est déplacé dans le tunnel de tissus.
La caméra a filmé. Inouï.
Soudain le bras n'a plus été dans le champ. La stagiaire a été prise de la danse de St-Guy. La stagiaire dansait sur le sable de la plage de Pornic. Ensuite, elle s'est mise à hurler.
— Il m'a chopé le bras !!!!!! Il m'a chopé le bras !!!!!!! Elle hurlait la stagiaire régie.
Mon T-Shirt s'est couvert de sang.
Oh mon Dieu ! Elle était vraiment blessée la stagiaire. Ce crabe n'était pas bien dressé du tout. Il a attaqué la fille. Le dresseur de crabe avait bien failli m'avoir.
Deux membres de l'équipe se sont rués sur la stagiaire régie. On lui a ôté mon T-Shirt.
Le crabe était pendu à l'aisselle de la stagiaire en pleurs.

Le dresseur de crabe s'est rué plus tard. Il a peiné à décrocher l'animal.

Alcool à quatre-vingt dix modifié. Elle gueulait toujours. Le salaud de crabe lui avait découpé l'aisselle.

Des bandages. Des tissus. Toutes les bandes que l'on posait sur l'aisselle de la fille devenaient rouges immédiatement. Une hémorragie.

Quand la stagiaire est repartie chez elle, le dresseur s'est excusé au près du réalisateur.

— Mais il était mal dressé votre crabe ! Il lui a gueulé le réalisateur.

Il avait entièrement raison de lui gueuler ça, le réa. Ce dresseur avait mal fait son dressage de crabe.

— Je ne comprends pas ce qui s'est passé. Il a dit le dresseur. Ça fait dix ans que je dresse des crabes, c'est la première fois que ça arrive.

Moi, je m'étais bien méfiée. Mes aisselles étaient intactes.

Aujourd'hui, il n'y a pas d'animal. On ne veut pas que je me jette dans les bras d'un ours. On ne veut pas que je mette ma tête dans la gueule d'un lion. Aujourd'hui, on veut que je saute par la fenêtre.

Je regarde celle qui va sauter.

Judith va sauter du toit directement sur la camionnette. De la camionnette, elle tombera dans la rue. Elle atterrira sur l'asphalte.

Judith devra se relever, pousser le laitier qui se trouvera près de la camionnette. Elle devra ensuite lui voler son véhicule. On coupera.

Le plan d'après, on me verra conduire la camionnette du laitier.
Judith est sûre d'elle. Ce n'est pas comme Titi. Ce
n'est pas comme le crabe. Le spécialiste travaille avec
une cascadeuse.

Elle va sauter : une prouesse qui me sera attribuée par
la suite. Incompréhension totale. Cette fille est
incroyable. Elle va faire l'infaisable. Elle va accom-
plir un exploit, et personne ne va savoir que c'est elle.
Je vais descendre. L'équipe est en bas. Dans la rue.
D'en bas, on voit mieux.
Je vais regarder l'exploit. La maîtrise de l'immaîtri-
sable. Fascinant.

Judith et son régleur de cascade s'échauffent sous les
yeux ébahis de l'équipe.
Nous sommes soixante en bas. Nous regardons le
ciel. Judith en est l'étoile.
Pas un mot aujourd'hui.
Olivier montre à notre étoile les mouvements d'as-
souplissement nécessaires au futur saut.
Les genoux. Les épaules. La tête. Une rotation dans
le sens des aiguilles d'une montre. Une rotation dans
le sens inverse. Les coudes. Maintenant, le régleur de
cascade entraîne Judith à s'échauffer les coudes.
Les chevilles et « on peut y aller ». Il dit le régleur de
cascade.
Le régleur descend.

Judith est seule sur son toit.

Le régleur rejoint l'équipe en bas.

– Quoi ? Vous ne mettez même pas un matelas entre la camionnette et le mur ? Il demande Dimitri.

Entre la camionnette et le mur qui tient le toit d'où la cascadeuse sautera, il y a trois mètres.

Judith va sauter durant cinq mètres, en biais, sans matelas en bas. Si elle rate le camion, elle tombera sur le goudron.

Dimitri, c'est le machino. C'est lui qui fera faire le mouvement à la grue. La grue au bout de laquelle se trouve la caméra. La grue qui suivra toute l'action vue d'en haut.

Le régleur de cascade sourit.

Dimitri est con. Dimitri ne sait pas ce que c'est un professionnel. Dimitri pense que la cascadeuse peut rater la camionnette. Dimitri va figurer sur la liste noire de l'équipe.

Maintenant, on sait que Dimitri est con.

Dimitri a un peu honte quand tout le monde le fusille du regard.

Comme pour s'excuser, il se retourne vers le photographe derrière lui.

– Elle a même pas de genouillères. Il dit Dimitri.

Dimitri s'enfonce. Dimitri est vraiment con.

C'est sûr qu'il va manger tout seul maintenant à la cantine.

La cascadeuse n'a pas de protections ?

– Elle va se tuer. Je pense à mon tour. Pourquoi ?

Pourquoi la cascadeuse n'a-t-elle pas de protection ?

121

Le matelas, on le verrait, il paraît. Mais des genouillères sous son pantalon ?

Mon cerveau cherche une réponse. Moi aussi je suis
con. Je suis comme Dimitri moi. Je ne dis rien de
mon angoisse. Je n'aime pas manger toute seule à la
cantine.

Je ne comprends pas que Judith va se tuer pour un
film dans lequel personne ne la verra.

— Elle va se tuer pour moi ! C'est moi que les spectateurs verrons. Elle va mourir pour que je sois bien
dans mon film ! Je pense soudain.

Je ne veux pas qu'elle meure ! On va trouver une
autre solution pour que je sois bien dans mon film.
Pas la peine de tomber du toit. Pourquoi elle n'a pas
de protection ?

— C'est pas normal quand même qu'elle n'a pas de
protection. Je finis par dire au réalisateur.

Silence.

Les doutes commencent aussi à envahir l'équipe qui
attend la réponse à ma question.

Le réalisateur hésite. Il ne sait quelle réponse fournir
à cette question que je viens de poser en dernière
minute.

Sous l'œil attentif des membres de l'équipe, le réalisateur se déplace. Il se dirige vers le régleur.

— Elle n'a vraiment aucune protection ? Il demande
tout bas à Olivier le réa.

Olivier est déçu. Le réalisateur a eu une faiblesse.

— C'est une PRO-FE-SSI-ONNELLEUUU. Il lui
dit Olivier qui en a marre que depuis ce matin on
l'emmerde.

Le réa retourne à sa place.

— Moteur. Il dit le réa.

— Tourne. Dit l'ingé son.

— Action. Le réa.

Un temps. La cascadeuse respire.

— Vas -y Judith. Ordonne Olivier.

Les soixante, comme le jour de l'éclipse. Nous regardons en l'air la cascadeuse qui s'élance.

Un pincement. Les soixante. Nous avons peur pour Judith.

Judith est en l'air. Cinq mètres. Que c'est haut.

Le bruit.

Oh mon dieu ! Le bruit de ses jambes qui se cassent sur le toit de la camionnette !

Judith est immobile. L'équipe attend la suite de la cascade. Judith doit tomber du véhicule maintenant. Elle doit encore tomber de deux mètres.

Judith ne tombe pas de la camionnette.

Dans le silence. La petite voix de la cascadeuse :

— Je me suis cassée les jambes. Elle dit la cascadeuse qui ne bouge plus.

— Appelez une ambulance ! Appelez une ambulance ! Hurlent des gens de l'équipe.

Le régleur de cascades monte sur la camionnette. Il va faire glisser le corps de la cascadeuse dans les bras de Dimitri.

On dépose la cascadeuse sur le goudron.

Le genou gauche de Judith est à l'envers. Le tibia de Judith est à angle droit. Son pied pend.

La cascadeuse ne pleure pas. La cascadeuse est honteuse. Elle est décevante, elle en a conscience. Judith déçoit une équipe de soixante personnes. Soixante personnes qui regardaient une étoile. L'étoile s'est écrasée.

Judith ne se sent pas le droit de pleurer. Elle ne pleure pas. Olivier avait confiance en sa cascadeuse. Elle a trahi Olivier.

La cascadeuse est dans la rue. Une étoile s'est éteinte. Le tournage est arrêté.

On attend l'ambulance. Les minutes sont longues. On apporte des sacs de glace pour les jambes de Judith.

La coiffeuse s'agenouille derrière la cascadeuse. Elle fait des gestes lents. Elle retire quelque chose des cheveux de Judith.

– Oh. Non ! Pourvu qu'elle ne se soit pas aussi cassée la tête ! Je pense.

Non. Ce n'est pas ça. La coiffeuse retire des épingles des cheveux de la cascadeuse.

La coiffeuse retire sa perruque à Judith. Pas une minute à perdre. Jambe cassée pas cassée, la perruque n'appartient pas à Judith, pas question qu'elle se carapate avec une perruque toute neuve. Elle s'est déjà fait offrir des extensions de cheveux sous prétexte qu'elle doublait une star américaine.

Elle coûte sûrement très cher la perruque.

Cette fille a été payée pour une cascade. Elle n'en a fait que la moitié.

– Excuse- moi. Je dois te retirer la veste, dit gentiment l'habilleuse à Judith qui a les cheveux en bataille.

Je n'ai qu'un exemplaire de cette veste. C'est la veste personnelle de Sylvie.

Quand l'habilleuse finit de parler, je manque de tomber à mon tour sur le bitume.

Je me retiens de justesse.

La cascadeuse doit se redresser pour retirer la veste.

Il fait treize degrés. La fille blessée est en marcel dans la rue.

— Heureusement que le marcel ne m'appartient pas. Je pense.

On pose une couverture sur les épaules de la cascadeuse.

Elle ressemble à une poupée cassée, écrasée sur la route. Le propriétaire de la poupée semble agacé. Il n'a visiblement pas l'habitude de rater ce qu'il entreprend. Il tourne autour de la blessée. Il ne cesse de hocher la tête. La pilule à l'air d'avoir du mal à passer.

Je m'approche.

— Est ce que tu veux un verre d'eau Judith ? Je risque.

Elle me sourit.

— Non, je te remercie.

Elle me « remercie ». Elle me sourit poliment.

J'aurais hurlé. Je crois. Judith a dit « je me suis cassée les jambes comme moi je dis j'ai déchiré mon jean ».

J'aurais hurlé qu'on fasse venir cette putain d'ambulance et qu'on ferme sa gueule !

Non. Judith sourit et elle dit : « je te remercie. »

Je m'éloigne. Elle souffre le temps que l'ambulance arrive.

Je ne comprends pas très bien.Le régleur de cascade me regarde.
Lui non plus ne comprend pas très bien je me rends compte quand il me dit :
— C'est la première fois que ça arrive.
Cette phrase ! A cette phrase, un monstre endormi dans mon ventre se réveille d'un coup.
— Je connais cette phrase. Je lui dis méchamment.
— Tu ne comprends pas ce qui s'est passé n'est-ce-pas ? Je continue.
— Ca fait cinq ans qu'on fait des cascades ensemble. C'est la première fois que ça arrive. Il ne cesse de répéter le régleur de cascades.

Le pied de Judith pend à l'envers. Elle ne va pas pouvoir continuer son film avec la star américaine. La cascadeuse va avoir de sérieux problèmes avec ses jambes. Le régleur de cascades n'a plus de cascadeuse. La fille a les jambes saccagées.
Judith est maintenant dans la rue depuis un quart d'heure. Pas une larme.
Judith a déçu. Elle n'a pas bien fait son travail.
— Ce n'est pas grave. Finit par dire Olivier.
Il n'est pas fâché. Il ne lui en veut pas.
La fille a l'air soulagée.
— Est -ce que Titi le Cobra et le Crabe aussi étaient conscients qu'ils avaient déçu ? Je me demande soudain.

L'ambulance est arrivée. Ils ont emmené Judith.

Le réalisateur vient vers moi. Je suis angoissée subitement.

J'ai peur. J'ai peur de lire dans ses yeux. Il y a une question dans les yeux du réalisateur.

Une question qui à l'air difficile à poser.

— Il va me demander de finir la cascade. Je lis avec angoisse dans ses yeux.

— Pauvre Olivier. Il va avoir du mal à s'en remettre. Il n'avait jamais eu d'accident. Il me dit le réalisateur.

9

Je suis nominée aux Césars !

C'est ça qu'elle hurle ? Parce que mon agent hurle dans le téléphone.

Ben oui. Je suis nominée aux Césars en tant que meilleur espoir.

— C'est français ça comme mot « nominée » ? Je me demande.

Ce sont les directeurs de castings qui proposent des filles et des garçons comme espoir et après les gens du cinéma doivent voter qui est le meilleur et la meilleure espoir de l'année. Celui et celle qui remporteront le plus de voix seront immédiatement élus meilleur espoir.

Tous les acteurs et actrices vont aux Césars. La cérémonie est retransmise en direct à la télévision ! Sur Canal+ en clair.

— Mon grand-père pourra suivre la cérémonie si c'est en clair.

Oh le pauvre, il va pleurer... Et ma grand-mère aussi elle va pleurer...

Et ma mère ? Et mes sœurs ? Et... Tous, ils vont pleurer c'est certain.

— Il faut que tu trouves une robe. Me dit mon agent. Où veux-tu aller ?

Saint-Laurent ? Chanel ? Versace ? Armani ? Lolita Lempicka ?

— Oh putain ! Mais elle a pété les plombs mon agent ! Je pense.

Je n'ai pas le fric pour m'offrir une robe chez Saint-Laurent moi !

— Ne t'inquiète pas. Elle rit. Ils te prêtent une robe pour la cérémonie.

Quoi ? Je vais me pointer chez Chanel ou Saint-Laurent et ils vont me prêter une robe ? Elle est complètement à la masse mon agent. Je commence à me dire.

— Il y a des gens qui s'occupent de la presse. Ils te prêtent une robe « couture » pour des occasions comme les Césars, Cannes...

— Ah bon ? L'attachée de presse va me prêter une robe ? C'est possible ça ? Je demande.

— Je vais téléphoner et tu auras des rendez-vous. Tu pourras choisir la robe que tu veux porter pour la cérémonie. J'entends dans le téléphone.

« Je pourrai choisir la robe que je veux porter pour la cérémonie des Césars »... Mon agent est un être très puissant. Sur un simple coup de fil, elle obtient que « je peux choisir la robe que je veux porter pour la cérémonie des Césars ».

Je n'en reviens pas...

Mais... Ça veut dire alors que toutes ces grandes actrices toujours bien habillées, dans des robes fourreau, dans des robes dos nu, dans des robes « couture » quoi, elles ne les achètent pas ? Les robes ne sont pas à elles ? On leur prête des robes pour la cérémonie ?

Un miroir se brise. Une fleur se fane. Un oiseau est abattu en plein vol, un mythe se casse.
Les actrices françaises portent des robes prêtées ?
Mais c'est fou ça !
— Réfléchis. Rappelle-moi. Je te prendrai les rendez-vous. Continue mon agent puissant.
Je raccroche le téléphone. Les bras m'en tombent.
On prête des robes aux actrices.
Les actrices en France n'ont pas de robe de « cérémonie des Césars ».

J'ai rendez-vous 29 rue Cambon, Paris 8e.
Le magasin Chanel est énorme.
Le luxe à l'état brut.
Dans la vitrine, il y a des vêtements de la collection « prêt-à-porter ».
Il n'y a pas les prix posés sur des étiquettes au pied du mannequin dans la vitrine chez Chanel.
— Quand il n'y a pas de prix, c'est que c'est hors de prix. Je pense.
C'est la première fois que je vais entrer là. Une dame sort de la boutique. Je l'observe.
Son manteau... Quelle élégance... Ses cheveux sont si

lisses, rassemblés en queue de cheval, tenus par un lacet rose. Et ses chaussures...

Je suis fière d'entrer là.

J'entre.

Il y a deux hommes à l'entrée du magasin qui me sourient quand j'entre. Ils ont des oreillettes. Ils surveillent que personne ne vient voler les robes.

Je porte un jean et une vieille doudoune.

Les deux hommes me sourient.

— Est-ce qu'ils savent que je suis la fille à qui on va prêter une robe « couture » ?

Comment ils peuvent savoir que c'est moi ?

On leur a sûrement montré une photo en leur disant :

— Quand cette fille entrera, souriez, on va lui prêter une robe réservée à certaines pour sa cérémonie des Césars.

Le magasin est immense. J'avais déjà remarqué que plus les vêtements coûtent cher, moins il y en a dans les magasins. Là, c'est un peu le désert.

Mes yeux vont partout. Je suis émerveillée.

— Ils perdent une place folle avec ces miroirs partout. Je pense.

Ils pourraient garder de la place pour mettre des vêtements.

Il y a quatre vendeuses. Et cinq vêtements.

Un vêtement n'a pas de vendeuse... Remarque, il y a aussi quelques sacs.

Une des vendeuses vient vers moi. Elle aussi me sourit. Elle me sourit tellement que j'ai le sentiment que je la connais depuis longtemps. Elle a l'air contente de me voir.

— Bonjour, j'ai rendez-vous avec Elsa Lefèbvre. Je dis.

Alors là, elle sourit encore plus !

Je ne suis pas au bon endroit. J'étais à la confection industrielle. Moi, j'ai rendez-vous au rayon pièces uniques faites main, réservées à certaines. Réservées à moi.

Ah... Je me disais bien aussi... Que quatre vêtements... Ça faisait peu pour une maison telle que Chanel !

Je rentre dans l'allée d'à côté. Il y a un gardien derrière la vitre blindée.

— J'ai rendez-vous avec Elsa Lefèbvre. Je dis au gardien.

— Vous êtes ?

— Sylvie Testud. Je réponds.

Il ne me quitte pas des yeux. Il appuie sur un bouton. Lui n'est pas au courant que je suis la fille à qui on va prêter une robe de cérémonie des Césars ! Ça se voit !

— Une jeune fille pour Elsa Lefèbvre...

D'un coup de menton, il me signifie qu'il a déjà oublié mon nom et que sans plus tarder, je dois le redire.

— Sylvie Testud. Je lui répète.

« Sésame, ouvre-toi »... La lourde porte de verre blindé s'ouvre sans bruit. Je gagne trois centimètres quand la porte s'ouvre. Je suis si fière. J'ai toujours les mêmes chaussures aux pieds, mais je fais trois centimètres de plus qu'avant de passer la porte.

– Deuxième. L'ascenseur sur votre gauche. Il me dit de derrière la vitre.

Je prends l'ascenseur. Deuxième...

Les portes de l'ascenseur s'ouvrent sur un autre monde. Les portes de l'ascenseur m'ont enfermée dans une boîte, partie de la rue, pour me libérer dans un monde supérieur.

Versailles ? La galerie des glaces de Versailles ? C'est si beau. C'est si grand. Je dois trouver un point de comparaison à cet univers qui me désarçonne... Oui. C'est ça. Ça ressemble à Versailles.

Je n'ose fouler l'épaisse moquette beige. Des lustres de cristal semblent tomber du plafond.

Il n'y a plus aucun bruit. Il n'y a personne. Moi, dans cette pièce immense. Moi, en mille exemplaires. Aucune robe.

Je ne sais plus très bien où aller. Le type en bas m'a dit ascenseur deuxième. C'est tout. Il ne m'a pas dit ce que je devais faire après ! Je reperds les trois centimètres gagnés quelques secondes plus tôt.

Je suis écrasée par la pièce si vaste, si impressionnante. Les lustres de cristal me guettent du coin de l'œil.

– Qu'elle ne pose pas un pied sur notre moquette avant qu'on ne l'y ait invitée ! Ils semblent dire les lustres.

J'écoute. Je respire à peine...

– Peut-être, vais-je entendre du bruit ? Peut-être que l'on m'observe ? Je pense en regardant tous ces miroirs... Cette pièce est si mystérieuse... Je ne connais pas la règle du jeu... Je ne connais pas la clé du mystère... Que dois-je faire ?

Je regarde les lustres menaçants. Non. Ils ne me fourniront pas la réponse. Ils gardent fièrement le secret du mystère de la rue Cambon.

J'attends. Je toussote. Je fais un peu de bruit. Peut-être que quelqu'un m'entendra ?

Il n'y a pas de porte dans cette salle.

Si quelqu'un vient, il viendra sûrement de l'ascenseur ou des escaliers. Je me retourne. Je regarde l'ascenseur. Je regarde les escaliers. Tant de raffinement... Tant de silence... Tant d'espace...

Ce n'est pas l'endroit où l'on fume une cigarette pour attendre.

J'attends, sans fumer. J'attends sans bouger.

Je perds encore des centimètres au rythme des minutes qui passent. Je perds des centimètres que je n'avais pas gagnés en arrivant.

— Je vais ressortir d'ici plus petite qu'en y entrant. Je n'étais déjà pas si grande.

Quelqu'un vient ?

De derrière un miroir, elle arrive.

La prêteuse de robe de cérémonie des Césars !

C'est comme dans *Ruy Blas* ! Une porte dérobée !

Comme une apparition. La silhouette d'une femme très élégante fait irruption dans la pièce.

— Mais c'est la reine ! Je pense.

C'est la reine de *Ruy Blas* ! Elle va me dire que « *c'est un réduit — t'obscure que Don Philippe III fit creuser dans ce mur* » !

135

Non. Elle dit :

– Sylvie ?

– Oui ! Je suis Sylvie. Je souris. Je suis intimidée. Je dois mesurer à présent un mètre et quelques centimètres. Je contemple la reine. La reine mesure deux mètres. Il me semble.

– Oui, je suis Sylvie.

Que puis-je faire pour vous ? Je manque de demander à la reine.

– Suivez-moi. Elle me dit souriante.

Je la suis.

Je pose le pied sur la moquette beige.

Les lustres me guettent du coin de l'œil.

Je ne crains plus rien, je suis avec la reine...

Elsa me conduit dans le réduit t'obscure duquel elle est sortie quelques minutes plus tôt.

Je suis fière. C'est moi. Sylvie. Elle savait déjà que c'est moi Sylvie.

Je la suis.

Le secret du miroir. Le mystère va se révéler à moi...

– Ma robe est somptueuse ! Je hurle aux oreilles de ma mère au téléphone.

J'ai choisi une robe noire avec des volants. Il y a même deux couturières qui vont la reprendre exprès pour moi ! Elle m'a aussi prêté des chaussures ! Sublimes !

Ils vont me les faire porter par coursier mardi !

C'est même pas moi qui dois aller les chercher !

– Ben oui. Ça doit coûter tellement cher que si tu te les fais piquer dans le métro !

Ah... Oui. Là, elle a raison ma mère. Remarque, j'aurais pris un taxi quand même...

Ma robe est arrivée, emballée dans une housse Chanel. Les chaussures sont arrivées, emballées chacune dans une housse Chanel. Un autre paquet est là. Il y a un petit mot. « Sylvie. Je vous ai mis une sélection de sacs à main. Choisissez. Bons Césars. Elsa. »
– Mais c'est qui cette femme ? Je pense. Elle me prête une robe, des chaussures et en plus elle me fait porter une sélection de sacs à main !
Décidément, cette femme est plus qu'une reine, elle est un miracle !

Bon. Je dois faire vite. Il y a un coiffeur qui va venir chez moi.
– As-tu besoin d'un coiffeur ? M'a demandé mon agent.
– Mais c'est vraiment bien la cérémonie des Césars ! Je pense.
J'ai mille coups de fils. Mon agent passera me chercher à dix-neuf heures. Je me ferai maquiller par une maquilleuse une heure avant le début de la cérémonie.
Je mettrai ma robe là-bas.

Je suis prête.
Je n'aime pas trop ma coiffure, mais le coiffeur qui a coiffé toutes les actrices depuis l'invention de la céré-

monie des Césars dit qu'à l'image ça va être formidable.

De toute façon on n'a plus le temps de tout recommencer. Mon téléphone sonne, c'est mon agent.

– C'est bizarre cette coiffure. Elle me dit dès qu'elle me voit.

C'est vrai, elle a raison, c'est bizarre cette coiffure... Ça me fait les oreilles encore plus décollées que d'habitude. Je ressemble à une pieuvre... Une pieuvre avec les oreilles décollées.

Bon. Plus le temps de discuter cheveux. Tant pis.

Nous sommes arrivées au théâtre des Champs-Élysées.

– On va te prêter des bijoux, j'ai tout arrangé. Elle me dit en grimpant les escaliers la dame qui a les cheveux drôlement bien mis en plis.

Ça me turlupine cette histoire de cheveux.

On nous fait entrer par derrière.

– Tous les nominés aux Césars vont passer par là ?

– Non, on me répond. Tu te feras maquiller et après il faut repasser par devant. Une voiture t'attendra et tu feras dix mètres et tu descendras devant l'entrée principale.

– Dix mètres, je peux les faire à pieds quand même... Je pense.

– C'est pour les photos et la télé.

Ben alors tout est comme ça à la cérémonie des Césars ? On prête la robe. Les chaussures. Le sac, les bijoux, les coiffeurs et maquilleurs. Et la voiture, même pour dix mètres !

Bon.

Je parle tout de suite de mes cheveux quand je rentre dans la loge maquillage dans laquelle se trouvent dix maquilleuses et dix coiffeurs.

– Mais non ! Ça te va si bien ! C'est Nicolas qui t'as coiffée ? C'est un des meilleurs ! Il a coiffé toutes les actrices depuis l'invention de la cérémonie des Césars.

Je calcule : c'est la vingt-sixième cérémonie des Césars. Disons qu'il a commencé très jeune. À vingt ans. Vingt plus vingt-six, ça fait quarante-six ans.

Ben lui alors ! Il fait moins que son âge ! Je lui donnais à peine vingt-quatre ans.

– Non, vraiment, tu es superbe !

Ils sont si sûrs que je suis au plus fort de mon allure que mon agent et moi restons sans voix. Je calcule : il a cinq filles « nominées » comme meilleur espoir, cinq « nominées » en meilleur second rôle et cinq « nominées » en meilleure actrice par an. Il y a donc en tout, sans compter les réalisatrices « nominées », au minimum quinze têtes à coiffer par an. Ce type a déjà coiffé trois cent quatre-vingt-dix têtes de nominées au minimum...

– Pas trop fort sur le maquillage, je réussis à dire avant qu'une des maquilleuses ne m'écrase son fard sur la figure.

Il est vingt heures quinze. Nous devons redescendre mon agent et moi et nous rendre dans la salle.

Toutes les actrices, tous les acteurs sont là.

Un concentré du cinéma. Il y a du monde partout.

Je suis surexcitée. La voiture n'a servi à rien. Nous avons parcouru dix mètres pour rien.

Quand on a ouvert la portière, il y avait des gens devant et des fans partout. Personne ne m'a vue. Ce n'est pas grave, je suis ravie.

Tout ce monde qui aime le cinéma ! Toutes ces lumières. Toutes ces caméras.

On nous a assises. Les deux fauteuils rouges. Ici.

— Si tu es en fin de rangée, c'est que c'est toi qui va l'avoir ! Me dit la fille qui passe.

Je regarde autour de moi... Tous les espoirs sont en fin de rangée.

La lumière s'éteint. Le spectacle va commencer.

Je suis subitement épuisée.

Mes bijoux m'irritent la peau. Je suis un peu rouge.

Mes cheveux me piquent. Ma coiffure commence à mollir. Mes chaussures sont si hautes. Douze centimètres c'est beaucoup quand même.

— Je suis déguisée en quelqu'un d'autre. Je me dis soudain.

Il fait une chaleur étouffante, j'ai couru dans tous les sens toute la journée, j'ai peur depuis deux jours. J'ai terriblement sommeil tout à coup.

Le premier sketch. Un discours.

Mes yeux se ferment. J'ai du mal à rester éveillée.

La caméra passe devant nous de temps en temps. Je me redresse.
Le meilleur second rôle féminin. Applaudissements.
Un discours.
Un sketch.
Décidément, j'ai sommeil.
Les nominations pour le meilleur espoir sont :
Je me redresse.
Je suis dans un état comateux.
Ils sont deux acteurs sur scène.
Ils déchirent l'enveloppe.
— Le meilleur espoir féminin est. Dit l'un.
— Sylvie Testud. Dit l'autre.

J'ai un réacteur de Boeing dans chaque oreille.
J'ai trop chaud. J'ai du mal à être consciente. Je suis toujours aussi fatiguée, mais là en plus j'ai le cœur qui s'accélère de façon très anormale !
— C'est sûrement tous les cafés que j'ai bu dans la journée.

Je ne sais par quel miracle mes jambes ont réussi à me porter. Je ne sais par quel miracle mes talons n'ont pas cassé sous le poids des coups de pieds violents que j'ai asséné aux marches qui m'ont hissée vers la scène. J'ai frappé les marches si fort pour me sentir debout.
Ma tête s'est échappée durant une minute. L'image de cette salle pleine de cinéma fut terrifiante. C'est terrifiant de n'avoir rien à dire à ce moment.

C'est terrifiant d'être fatiguée au moment où l'on voudrait tant être éveillée.

Je suis allée dîner au Fouquet's. Malgré mon César de meilleur espoir, les fans n'ont pas scandé mon nom.
J'ai fait les photos de « césarisée ».
J'étais contente. Pas tout à fait consciente. Très fatiguée.

Il était près d'une heure de matin. J'étais si épuisée. Je voulais rentrer chez moi.
J'ai demandé à mon agent de me trouver une voiture.
Une dame est venue me trouver à table.
Elle s'est penchée près de mon oreille.
— Vous viendrez me rejoindre au premier dans dix minutes ? Elle m'a dit.
Je suis allée au premier.
— Je vais reprendre les bijoux. Elle m'a dit.
La dame m'a repris tous les bijoux. Elle m'a aidée à enlever les boucles d'oreilles. Elle a tout mis dans une bourse en velours bleu marine.
Elle m'a dit.
— Au revoir...
— Je m'appelle Sylvie.
— Oui. Sylvie. Si vous avez besoin de bijoux une autre fois, voici ma carte.
— Merci beaucoup. J'ai dit en regardant la carte.
Je suis redescendue sans les bijoux. Mes trous vides aux oreilles dans le restaurant de la soirée-cérémonie des Césars.

J'avais oublié que les bijoux étaient à elle. Ils étaient si beaux...

Mon agent a fait demander un chauffeur pour moi...

Je suis sortie sur les Champs-Élysées. Je portais ma robe Chanel.

Mes chaussures Chanel et mon César.

Je suis montée dans la voiture.

— Place Pigalle. J'ai demandé. J'ai demandé au chauffeur d'attendre que je sois rentrée chez moi avant de partir.

Il a attendu que je sois rentrée avant de s'en aller.

J'ai poussé la lourde porte. Je suis passée sous le porche.

— Sylvie ? J'ai entendu dans le noir.

Je me suis retournée. Maguy. La concierge de mon immeuble était dehors.

— Oui Maguy ?

Je l'aime bien Maguy. Maguy m'aime bien. Elle est triste que je déménage dans un mois.

J'habite le dernier atelier au fond de la cour.

Je vous ai vue à la télé.

— Ah oui...

Je me sentais si seule... Soudain.

— Vous venez boire un verre avec moi ? J'ai demandé.

Maguy est venue boire un verre.

— Je ne bois que du vin. Elle m'a dit Maguy. J'ai ouvert une bouteille de vin.

— À Cendrillon ! Elle a dit en frappant mon verre quand on a trinqué.

10

— Tu me chatouilles les fesses avec tes cheveux ! Je dis à Sophie, la maquilleuse.

— Excuse-moi Sylvie, mais tu veux bien plier la jambe pour tendre ta fesse ?

— Quoi ? Je demande.

La maquilleuse s'attache les cheveux.

— Je dois voir sous ta fesse. Tu as une marque. Elle me dit Sophie.

Je plie ma jambe pour tendre ma fesse. Elle peut voir dessous.

La loge maquillage est fermée à clé.

Normalement, la loge maquillage est un lieu de discussion. La loge maquillage est un lieu de détente. Ce matin, la loge maquillage est fermée à clé.

Sophie a installé une serviette éponge sur le sol. Normalement, Sophie m'installe sur le fauteuil devant son miroir. Aujourd'hui, non.

Aujourd'hui, je dois tourner une scène d'amour. Toute la journée, je vais tourner nue.

Ce matin, Sophie doit me maquiller le visage et le corps.

Nous tournons ensemble depuis un mois. Aujourd'hui, pas de discussion légère. Pas de blague. Nous sommes calmes.

Je suis couchée à plat ventre sur sa serviette éponge.

Sophie me maquille sous la jambe.

J'ai été mordue par un chien stupide à l'âge de douze ans.

Une vieille histoire que j'avais presque oubliée. Aujourd'hui, ce chien, s'il est toujours en vie, il a de la chance de ne pas se trouver dans la loge maquillage.

– Quelle vision elle doit avoir. Je pense.

Je suis sur le ventre, une jambe repliée sous moi.

Le chien qui m'a mordue m'a attrapé le bas de la fesse. Il m'y a laissé une trace marron.

Les pinceaux de la maquilleuse retracent les crocs de l'animal, qui j'espère est mort.

Je ris. La situation est insolite. La tête de cette femme se trouve à une distance de trois centimètres de mon anus. Je sens sa respiration sur mes fesses. Quand même, en décidant de devenir actrice, je n'aurais jamais imaginé ça.

– Arrête de rire. Elle me dit en se redressant un peu.

Sophie ne peut plus maquiller. Les rires secouent mes fesses. Les pinceaux de la maquilleuse ont un mal fou à se poser de façon précise.

– Je me calme. Je dis.

Je respire un grand coup.

– Tu veux une clope ? Elle me demande.

– Oui. Je veux bien.

Je fume.

Sophie replonge sa tête dans mon arrière-train.

J'ai envie de rire. Je me retiens. Le pinceau de Sophie arrive dans des endroits cachés de mon fessier. Les poils du pinceau sont indiscrets !

Mes fesses ont un mouvement de contraction violent. Mes fesses ne coopèrent plus tout à coup. Mes fesses se ferment sur le pinceau de Sophie.

Le pinceau me sert presque de thermomètre.

– T'es sûre qu'il m'a mordue jusqu'ici ? Je demande.

– Ben... Oui. Elle me répond. En retirant le pinceau prisonnier.

Ce chien a bien failli me faire un trou où j'en avais déjà un ma parole !

Je l'ai échappé belle moi.

Deux trous ! Quelle horreur.

– Mais tu crois que ça va se voir ? Je demande.

Sophie aussi en a assez.

– Non. Je crois pas. Je vais poudrer et si il faut, on fera un raccord.

Faire un raccord, je sais ce que c'est moi. Faire un raccord, c'est recommencer sur le plateau. Faire un raccord, c'est refaire le maquillage devant tout le monde.

– Je te dis qu'on n'aura pas besoin de raccord. S'ils voient cette marque-là, c'est que la caméra a l'œil mal placé. Je dis, sûre de moi.

Je n'ai pas du tout peur. Je me sens dans un jour faste.

Ça va être une très bonne journée. Je vais jouer nue avec un garçon que je n'ai jamais vu de ma vie. Je vais me coller sur lui. Je vais fermer mes yeux. Je vais respirer fort parce que je le désirerai plus que tout. Je vais faire du bruit parce qu'il va me donner du plaisir, c'est écrit dans le scénario.

Je vais avoir du plaisir pendant huit heures.

Ce n'est pas donné à tout le monde je pense. Ma mère qui est comptable n'a sûrement jamais de plaisir comme le mien derrière son bureau avec ses chiffres. C'est toujours rassurant de se dire que l'on a dépassé la condition de ses parents.

– Elle est prête ? J'entends de derrière la porte.

Je dois aller sur le plateau.

Le septième ciel m'attend. La porte s'ouvre.

Bonjour saint Pierre. C'est par où le paradis ?

Nous arrivons sur le plateau.

Le silence règne. On chuchote. Une ambiance ouateuse.

Les bruits sont très étouffés aujourd'hui. Cinquante personnes qui discutent et s'agitent en silence.

– Est-ce que j'ai les oreilles bouchées ? Je me demande.

– Je suis vêtue d'un peignoir blanc. J'hésite... Je n'arrive pas à savoir où je me sens. Dans un hôpital : on va m'annoncer qu'il me reste deux heures à vivre. Ou bien, je suis déjà morte : ils sont des anges qui ont oublié de me prévenir que nous étions passés de l'autre côté.

Le réalisateur vient me rejoindre.
Il a la mine triste le réalisateur. C'est sûr que c'est lui qui va me l'annoncer. Il va me dire que nous sommes tous morts et qu'il m'accueille au ciel.

— Tu veux que tout le monde sorte :
Il me demande direct, le réalisateur.
Le réalisateur me demande si l'équipe doit sortir ? J'ai un pouvoir énorme tout à coup.
Si je dis oui : les cinquante personnes vont chuchoter dehors. Si je dis non : les cinquante personnes vont chuchoter dedans.
Je réfléchis...
Je regarde les membres de l'équipe. Est-ce qu'ils doivent sortir ? Est-ce qu'ils doivent rester ? Cette décision est énorme. Je les regarde.
Qu'est-ce que je dois faire des gens de l'équipe ?
Normalement, ils me font des blagues les gens de l'équipe. Normalement on discute les gens de l'équipe et moi.
Aujourd'hui, il y a un os. Aujourd'hui, pas un seul membre de l'équipe ne me regarde. Pas un coup d'œil. Personne ne m'adresse la parole. On dirait que je ne suis pas là.
Je réfléchis.
Ils ont peur. Je me dis soudain. Ils ont peur que j'enlève mon peignoir d'un coup sans prévenir.
Ils sont même terrorisés !
Ils ont peur que je leur montre mes fesses. Ils ont peur que je leur montre ma toison.

— Je ne sais pas quoi répondre. Je dis au metteur en
scène.

Très pâle aujourd'hui le metteur en scène.

— Je crois que le son et l'image vont rester et le reste
de l'équipe va sortir. Il me dit le metteur en scène.
On sera cinq. C'est mieux non ?

Moi, je ne sais pas. C'est la première fois que je fais
une scène comme celle-là.

Je ne sais pas si c'est mieux pour moi d'ôter mon peignoir blanc devant cinq personnes, ou si c'est mieux
d'ôter mon peignoir blanc devant cinquante personnes.

— D'accord. Je dis au metteur en scène.

Le metteur en scène pose sa main sur mon épaule. Le
metteur en scène me rassure.

Le metteur en scène s'en va chuchoter avec le
cadreur.

L'acteur qui va me faire plaisir entre sur le plateau.

Il porte le même peignoir que moi. Sur lui on dirait
qu'il va faire de la boxe.

Lui non plus personne ne lui parle.

Il marche très lentement l'acteur. Il met une minute
pour parcourir les deux mètres qui le séparent de
moi.

— Bonjour, je m'appelle Fred. Il me dit.

— Bonjour, je m'appelle Sylvie. Je réponds.

Il me fait une bise. Quand il me fait une bise, je sens
que sa joue est moite.

C'est bien... Je pense. Il ne confond pas tout. Il ne
m'a pas ôté mon peignoir et ne m'a pas embrassée
violemment comme c'est écrit dans le scénario.

Je suis assise sur le canapé.

Fred s'assoit. Normalement, quand un acteur s'assoit à côté de moi, je lui parle. Quand je sais que je vais faire une scène, mais nous n'avons pas de texte.

Je dois juste dire je t'aime dans un souffle pendant que je vais jouir en relevant la tête du côté droit du cou de Fred.

Je ne sais pas de quoi parler.

Il s'est assis sur le canapé bien au fond. Le plus loin possible de moi. On dirait qu'il ne voulait pas s'asseoir sur le canapé et qu'on l'a forcé à s'asseoir à côté de moi.

Je n'ose pas le regarder. Nous fumons des cigarettes devant les cinquante personnes de l'équipe qui ne font pas de bruit et qui finissent d'installer les lumières.

Un « Bon » solennel retentit.

C'est le réalisateur qui l'a dit le « Bon » solennel.

Ça se voit qu'il n'a pas envie que Fred et moi on enlève nos peignoirs.

— Ben... On est prêt. Il dit le réalisateur.

Il est très malade aujourd'hui. Il est vraiment très blanc.

— Alors on va demander à tous ceux qui n'ont rien à faire sur le plateau de sortir...

L'un après l'autre, les membres de l'équipe sortent.

Ils sortent tous.

Bon Dieu ! Ça commence à foutre les jetons ! Je commence à flipper sec moi.

Mais qu'est-ce qui va se passer ici ? Finalement moi aussi j'ai envie de sortir !
Mais moi j'ai un truc à faire sur le plateau. Moi je dois fermer les yeux et faire des bruits de quand on est très content d'avoir du plaisir.

L'équipe est sortie. Le silence le plus complet règne.
C'est important ce qui se passe. Ça se sent.
Je suis un peu tendue moi tout à coup. Il n'y a plus un bruit. Fred et moi sommes dans nos peignoirs face au cadreur, au pointeur, à l'ingénieur du son, au perchman et au réalisateur. J'ai subitement besoin de croiser le regard de tous les autres. J'ai besoin de tous ceux qui sont derrière la porte ! J'ai besoin de l'équipe du film.
J'ai vraiment besoin de l'équipe du film.
J'ai soudain besoin de me retrouver dans le film. J'ai le sentiment qu'on ne fait plus le film qu'on faisait.
J'ai soudain envie d'entendre le premier assistant gueuler « SILENCE » !
Personne ne gueule, il n'y a pas de bruit.
J'ai soudain envie que l'habilleuse me retire un cheveu qui s'est détaché de ma tête et qui traîne sur mes épaules.
J'ai soudain envie que le perchman me cache un micro cravate dans la chemise.
Je regarde devant moi. Ils sont cinq.
Où sont les autres ?
L'intimité de ce nouveau plateau est étrange.
J'allais faire une scène nue. Maintenant j'ai l'impression de faire un strip-tease privé.

Non ! non !

Je regarde Fred. Il n'a pas l'air bien dans son peignoir lui non plus.

— Excuse-moi... Je dis au réalisateur. J'ai l'impression que ce serait plus facile si tout le monde revenait.

Le réalisateur va tomber dans les pommes. De tout blanc, il est tout vert maintenant.

— Quoi ? Il me demande. Je veux montrer mes fesses à tout le monde ?

— Ben... Je ne sais pas pour toi Fred, mais moi j'ai l'impression qu'il serait plus facile d'oublier cinquante personnes que cinq...

Tiens, Fred aussi est malade. Il devient tout vert lui aussi.

— Ben... oui. Peut-être... Il dit Fred.

— Vous êtes sûrs ? Il demande le réalisateur.

Oui ! oui ! Mon Dieu oui ! Je suis plus sûre que jamais ! J'ai besoin de toute l'équipe.

Oui !

Je n'ai jamais été aussi sûre de ma vie.

— Oui. Je suis sûre. Je dis au réalisateur.

— Bon. Il dit. Le réalisateur, le cadreur, le pointeur, l'ingénieur du son et son perchman n'en reviennent pas.

Les deux acteurs ont décidé d'exhiber leurs poils devant tous...

Le réalisateur sort.

Fred et moi sommes toujours debout dans nos peignoirs. Sur le plateau, ils ne sont plus que quatre devant nous. Derrière la porte, on chuchote.

Que c'est long.

Revenez ! Je pense. Avant que je ne change de certitude.

La porte s'ouvre.

Le réalisateur est vert couleur plus malade. Il va s'asseoir. La chaise était tout près. Ça va.

Comme des retardataires au théâtre, les techniciens entrent sur le plateau.

Ils sont tous courbés en deux. Ils vont prendre place. Fred et moi sommes au milieu de la pièce.

Les cinquante de l'équipe sont assis. Ils ne bougent pas. Ils ne parlent pas.

— Bon... On va y aller. Dit le réalisateur. Le réalisateur tout vert.

Je suis au beau milieu de la pièce. Le silence règne. Je règne.

Je devais me sentir humiliée. Je devais souffrir de me dénuder et de simuler l'orgasme.

Le malaise s'est déplacé. C'est moi qui règne. C'est ceux qui vont être les spectateurs de la scène qui sont mal à l'aise subitement.

C'est eux qui voudraient ne pas être où ils sont.

Le film a repris ses droits. J'en suis le personnage principal. Le réalisateur est au milieu de son équipe au complet. Mon personnage a décidé de s'envoyer en l'air.

— Action !

L'insolence s'empare de moi.

— Je me mets en costume. Je dis en ôtant mon peignoir.

L'équipe ose à peine rire de ma plaisanterie.

— Moteur. Dit le réalisateur.

— Tourne. Dit l'ingénieur du son.

— Action. Dit le réalisateur.

Fred est nu devant moi.

Je le regarde. Je dois poser ma main sur son visage. Je dois embrasser Fred. Je dois m'asseoir sur lui. Je dois simuler la pénétration.

Je simule.

Je suis amoureuse de ce garçon que je ne connais pas. Ses yeux sont si beaux. La bouche de Fred c'est la bouche que j'avais envie d'effleurer depuis toujours.

J'ai chaud. Mes joues sont gonflées de sang. Fred me serre dans ses bras. Fred m'embrasse. La tension dans les épaules de Fred lâche. Le corps de Fred est le corps d'un homme qui fait l'amour. J'ai un plaisir fou. Un orgasme foudroyant. Je fais l'amour devant eux.

Je pourrais faire l'amour avec Fred pendant des heures.

Fred et moi sommes seuls au monde.

Fred crie. Il a du plaisir. Je geins moi aussi.

Nos corps s'apaisent. Nos corps chauds se desserrent.

— Coupe. Dit le réalisateur doucement.

Je suis épuisée. Fred est épuisé. Nous sommes épuisés mais satisfaits.

Nous avons fait l'amour. Nous l'avons fait et nous sommes à présent dans cet état lascif des amants satisfaits.

Silence. Personne ne bouge.
— On change d'axe dit le réalisateur.
Quand le réalisateur dit : on change d'axe, ça veut
dire qu'on va recommencer la scène et la filmer d'un
autre côté.

Nous avons fait l'amour durant huit heures.
Durant huit heures, j'ai regardé tout au fond des
yeux de Fred. Durant huit heures, j'ai aimé Fred.
Durant huit heures je me suis surventilée.
Après huit heures, j'ai la tête comme une pastèque.
Marco, un électro, me propose un chewing-gum à la
fraise. Il sait que j'aime les chewing-gums à la fraise
Marco.
— Merci. Je dis en prenant son chewing-gum.
Plus détendu maintenant Marco. Il n'en menait pas
large pendant mes ébats. Accroupi près du projo, il
les a contemplées ses Puma.

Je regagne la loge maquillage.
— Tu veux que je te démaquille ? Elle me demande la
maquilleuse.
— Non. Ça va merci. Je réponds.

11

– Je m'appelle Madeleine. Je préfère qu'on m'appelle Maggdaléna avec deux « g ». C'est vrai que je pourrais reprendre mon vrai prénom, mais maintenant, Madeleine, ça fait trop chic. C'est trop à la mode. J'aurais l'air un peu snobinarde à me refaire appeler par mon vrai prénom.

Maggdaléna est scripte sur des longs-métrages français.

– Mais je ne fais que les films de qualité, c'est trop dur sinon ce métier. Elle dit.

Maggdaléna est la femme du chef décorateur. Elle est espagnole.

– Lui il n'est que moitié espagnol. Elle dit fièrement.

C'est le début du tournage. Tout le monde prend ses marques.

L'équipe est aimable. La tension est quand même là.
Est-ce que ça va prendre ?

Maggdaléna a dû être une scripte malmenée dans
le passé.
Une vie de scripte, ça peut être très dur. On a du mal
à se faire respecter.
Parfois, quand on dit à l'acteur que dans le dernier
plan de face, il remettait sa mèche sur son oreille et
que maintenant, on est de dos, mais il faut qu'au
même mot il remette sa mèche sur cette même
oreille, on a du mal à ne pas se faire éclater de rire au
nez.

— Ma petite Maggdaléna, je crois que j'ai des
choses plus intéressantes sur lesquelles me concen-
trer. Sois gentille, reprends ton bloc-notes, ton pola-
roïd, et laisse-moi tranquille.
Madeleine a pleuré plus d'une fois.
C'est dur de se faire respecter.
Ils ont été plusieurs réalisateurs à lui dire :
— Maggdaléna, la continuité dans ce plan : RAB !
Tu sais ce que ça veut dire RAB ?
Maggdaléna sait très bien ce que veut dire RAB : ça
veut dire Rien À Battre.

Être scripte, c'est travailler sur le détail.
Ils sont trop nombreux ces films dans lesquels les
actrices ont des mèches de cheveux qui se baladent.
Combien de fois Maggdaléna s'est battue contre

cette erreur grossière : l'acteur fume sa cigarette et le plan d'après, on voit très bien qu'il n'a pas fumé. La cigarette en est au même point, alors que sur sa montre une minute a passé !

Mais on lui a dit RAB Maggdaléna. La scène était magnifique, c'est tout ce qui nous intéresse !

Maggdaléna est une artiste. Elle le sait. Ça se voit. Son métier, c'est sa passion. Elle photographie comme personne. Elle s'agenouille pour prendre sa photo dans l'axe de la caméra. Elle n'a plus de polaroïds Maggdaléna. Elle a un numérique dernier cri et elle imprime immédiatement des photos formidables grâce à son imprimante laser miniature !

– Oh, je suis allée au Japon, cet été. Ils ont des imprimantes de rêve ! L'alimentation n'est pas la même qu'en Europe, sinon j'en aurais acheté une illico.

Maggdaléna a pris de la bouteille. Elle en a soupé des moqueries.

À cinquante ans, elle a essuyé pas mal d'humiliations.

Maggdaléna a décidé de prendre soin d'elle.

Si elle ne se respecte pas, les autres ne le feront pas pour elle.

Le respect de soi-même passe aussi par l'entretien de son physique.

Elle a les cheveux blonds décolorés, très raides.

Elle est très bronzée.

Elle aime les écritures et les marques.

Son débardeur noir de chez Marithé et François Girbaud en atteste : il y a plein de mots écrits dessus.

C'est la marque écrite des centaines de fois en blanc sur sa poitrine.

Elle porte un soutien-gorge et une culotte de chez Calvin Klein qu'elle aime beaucoup.

Quand la bretelle de son soutien-gorge se camoufle sous son débardeur, d'un geste négligé, elle fait ressortir la bretelle sur laquelle est inscrit Calvin Klein.

Elle a décidé de suivre la mode.

Son pantalon est en stretch noir, taille basse. Sa culotte dépasse par le haut.

On peut voir qu'elle porte des sous-vêtements assortis. Cela s'appelle un combiné.

Sur l'élastique de la culotte, il y a aussi écrit Calvin Klein, mais en plus gros que sur les bretelles.

Maggdaléna a une passion : le cinéma. Les raccords au cinéma.

Le cinéma n'est pas un milieu facile.

Elle sera une femme respectée !

— Est-ce qu'on peut faire une répétition ?

L'équipe se met en branle.

— Tu vas porter ton blouson fermé comme ça ?

Demande Maggdaléna.

C'est pas très aguichant. Ça l'est beaucoup plus si tu le laisses ouvert !

— Oui, c'est vrai dit le réalisateur.

Maggdaléna sourit. Grâce à elle, déjà une erreur a été évitée.

160

— Oui, un personnage, ça se crée dans le détail ! Elle lance, Maggdaléna.
— Qu'est-ce qui empêche de tourner ? Demande le réalisateur.
— Moteur...
— Ça tourne...
— Annonce.
— 24 sur deux première.

Les actrices entrent dans le réfectoire.
Elles vont s'asseoir à la table.
— Elle est sympa toi ta voisine du dessus ?
— Elle est pianiste.
— Et ta voisine du dessous ?
— Elle est trompettiste.
— Sans déconner ?

La voix du réalisateur retentit.
— Coupé ! C'était formidable, on la double.
En place.

Madeleine court.
Ses cheveux blonds platines volent. Elle se met presque à plat ventre.
— S'il vous plaît, vous pouvez reprendre vos positions exactes ?
Les deux actrices discutent. Elles se congratulent.
Maggdaléna a pourtant couru très vite.
— S'il vous plaît, en place, il faut que je prenne une photo.

Les deux actrices ne lui ont même pas jeté un regard.

Elles ont repris leur place, mais continuent leur conversation comme si Madeleine n'était pas là.

— Vous pouvez vous regarder comme pendant la scène ou c'est trop vous demander ?

— Qu'est-ce qu'elle a dit ? Demande une actrice.

— J'ai dit qu'on fait un film et que tout le monde doit pouvoir faire son travail, alors regardez-vous, ça ne durera pas longtemps si vous vous concentrez deux secondes.

Les deux actrices rigolent. Maggdaléna peut quand même faire ses photos.

Elle se redresse enfin, vérifie que la poussière n'a pas trop sali son pantalon.

Le plateau est silencieux, on attend que Maggdaléna ait terminé.

Madeleine aime qu'on lui laisse son espace, elle en profite pour faire son métier très bien.

Quand on la laisse travailler, alors on se rend bien compte qu'elle a du cœur à l'ouvrage.

Maggdaléna s'approche de la table.

— Tu peux porter le verre de Coca à ta bouche pour que je fasse une photo ?

Les actrices n'ont aucune réaction à la question. Elles regardent Maggdaléna interloquées.

— Oui, tu portes ton verre de Coca à ta bouche s'il te plaît, je voudrais faire une photo.

— Mais je n'ai pas bu de Coca dans la scène. Répond l'actrice ahurie.

— Ben comme ça, on en sera sûr pour le prochain plan.

Décidément cette actrice n'aime pas les scriptes. Maggdaléna s'en doutait.
Elle sent revenir à elle ce temps de l'irrespect. De la moquerie.
L'actrice rit en regardant sa partenaire et décide de ne plus la regarder !
Maggdaléna est outrée.
Elle va se rasseoir.
— Moteur !
— Tourne.
— Annonce...
— 24 sur deux deuxième.

— Elle est sympa toi ta voisine du dessus ?
— Elle est pianiste.
— Et ta voisine du dessous ?
— Elle est trompettiste.
— Sans déconner ?
— Coupé !
Plan suivant.
Le réalisateur est content.

L'habilleuse arrive en courant comme une dératée sur le plateau.
— Ce n'est pas possible !

— Qu'est-ce qui n'est pas possible ma petite Sophie ?
— Ben l'actrice n'a pas le bon blouson !
— Ah bon ?
— Oui, hier elle portait le violet, et là c'est le orange !
Quand les scènes seront montées, l'actrice entrera
dans le restaurant en orange et en ressortira en violet.

Maggdaléna est assise, elle écrit sur son bloc le rap-
port de la séquence : la première prise, un peu mieux
que la deuxième ; la chaise trop sur la gauche dans la
deuxième.
Madeleine sursaute lorsque la voix du réalisateur
retentit sur le plateau.
— Maggda ! Tu nous fais chier avec tes photos et tes
histoires de mèches, et tu n'es même pas capable de
voir qu'elle ne porte pas le bon blouson !
— Comment ?
Maggdaléna, qui a accouru, ne tient presque plus sur
ses jambes.
— On avait une scène sublime qu'on doit refaire
grâce à toi.
— Mais, c'est fou ça… Il y avait tellement de choses à
vérifier que je n'ai pas vu le blouson. Je pensais que
tout le monde connaissait son métier et que l'habilleuse savait ce qu'elle devait mettre à la comédienne.
— Oui mais je suis seule aujourd'hui et il y a trente
figurants à habiller. Ce n'est pas moi qui dois vérifier
la continuité. Rétorque Sophie.

Maggdaléna est désespérée.

Alors c'est chacun pour soi sur ce plateau ?
Personne ne veut jamais aider les scriptes. Elle doit se débrouiller toute seule ?
Ce n'est pas grave, Maggdaléna fait un métier difficile, elle doit s'occuper de tant de choses sans pouvoir espérer de l'aide de quiconque.
— Il faut la refaire les filles. Je suis désolé. Il dit le réalisateur.

Maggdaléna s'est rassise sur son tabouret près du réalisateur.
— Moteur.
— Tourne.
— Annonce.
— 24 sur 2 troisième.

— Elle est sympa toi ta voisine du dessus ?
— Elle est pianiste.
— Et ta voisine du dessous ?
— Elle est trompettiste.
— Sans déconner ?
— Coupé !
On passe à l'autre plan.

Maggdaléna est déculpabilisée, la scène était bien mieux ce coup-ci.
Pendant qu'on installe l'autre plan, Maggdaléna a bien mérité un thé au lait.
D'un coup de tête, elle fait revenir ses cheveux sur son visage, elle se lève.

Elle prend soin de poser son bloc, son scénario et son appareil photo en ordre sur son tabouret.

Madeleine court. Elle a de l'énergie.

Elle arrive à la table régie.

Les actrices discutent avec son mari.

— Vous ne prenez pas de croissant les filles ?

— Non.

— Ah... régime ?

Maggdaléna n'a pas de problème de poids. Hop, un thé et un croissant.

— Dis-moi, tu as fait beaucoup de films avant celui-ci ?

— Non, je n'en ai fait que trois.

— Ah oui... Celui-ci va t'aider pour ta carrière sûrement. Elle est bien ta partenaire, tu vas pouvoir compter sur elle.

Maggdaléna est détendue. Elle aime parler avec les gens.

— Tu te souviens, un jour, on s'est vu à une fête ? C'était la fête de fin de film d'une réalisatrice avec laquelle j'ai beaucoup tourné... Tu n'étais pas beaucoup plus mince ?

— Non, j'ai seulement arrêté de me piquer à l'héro.

— Oh, tu le prends mal. Mais tu sais moi je n'aime pas la maigreur, dans ma bouche c'est plutôt un compliment quand je dis ça. Moi je rêve d'avoir un peu de gras. Je mange comme un ogre et à part dans les seins, je n'en ai nulle part ! C'est à désespérer.

La voix de la première assistante retentit.
— En place !

Madeleine a le sourire. Elle aime son métier.

12

Je suis très énervée ce matin.

Pourquoi ? Sais pas et m'en fiche.

Je me sens d'humeur massacrante.

J'ouvre un œil et je me dis que vraiment :

— Il me fait chier le premier assistant de me convoquer si tôt le matin.

J'ai une envie féroce de lui en balancer une.

Je me lève.

Douche : cent trente secondes.

Désébouriffage : douze secondes.

Mon jean, un T-shirt. Faut faire très vite.

6 heures 30 ! C'est la catastrophe !

J'aperçois mon reflet dans le miroir.

Il faut que je me calme.

Ma tête fait peur, très peur.

Je me calme : position arrêtée. Je connais le principe de la cocotte-minute.

Quand il y a trop de pression à l'intérieur de sa casserole, ma mère retire le bouchon rouge qui se trouve sur le couvercle. Ça fait sortir la pression et ça calme la cocotte.

Pour me calmer, je vais imiter cette cocotte.

J'imite la cocotte : les deux mains appuyées des deux côtés du lavabo, la tête baissée. Je souffle.

Calmage raté. Je suis de plus en plus énervée. Je n'arrive même pas à faire la cocotte.

— Ça fout les boules ça aussi !

Je me monte toute seule. Je suis très forte au remontage de mes nerfs.

Personne n'arrive à me foutre les nerfs en boule aussi bien que moi.

Je suis master en foutage de nerfs en boules. Ça fait peur, très peur.

Avec la tension que j'ai réussi à me mettre dans les nerfs, je pourrais faire exploser ma télévision rien qu'en la regardant, c'est sûr.

Bon. Calme. Calme. Calme. Je vais essayer de me calmer dans la cuisine cette fois. La cocotte de ma mère est toujours dans la cuisine. Ça doit être un lieu de prédilection pour décompression. Je me redresse. J'enfile mes Nike.

J'avance vers la cuisine.

Pas après pas, mes espoirs de calmage s'étiolent.

Il y a Tiago dans la cuisine. C'est un bébé chien, c'est sûr qu'il aura fait au moins deux conneries. Comme pisser sur un des magazines que j'ai acheté hier et que je n'ai pas encore lu.

De toute façon ce chien est complètement taré. Il se

retient de chier dans la rue pour le faire dans mon salon.

Moi je ne voulais pas de chien. Les chiens, c'est con. Ça pue quand il pleut. Ça pue tout le temps et partout. Ça vous renifle l'arrière-train sitôt qu'il se décolle de sa chaise.

J'arrive dans la cuisine.

Calme. Calme. Oh... Doucement Sylvie... Calme, doucement. La poubelle est renversée.

Les détritus jonchent le sol de ma cuisine. Il est 6 heures 31 du matin.

Je vais enfiler des gants en plastique, ramasser sa merde, et, seulement après, je le ferai éclater sur le sol de la rue en le jetant du sixième étage.

J'accepterai le rendez-vous de B.B., je lui donnerai toutes les godasses défoncées par mon chien et je l'obligerai à marcher avec jusqu'à ce qu'elle accepte que j'ai bien fait. Qu'elle admette que ce chien a encore eu bien de la chance que je ne l'écartèle pas et ne lui arrache pas ses poils l'un après l'autre avant de le jeter du sixième !

J'ai fini mon petit-déjeuner dans des douleurs atroces.

J'ai mangé une quantité énorme de fromage et de pain. Je me suis brûlé le palais avec mon café trop chaud. Je n'ai pas pu lire mon magazine, mon chien avait pissé dessus.

J'ai l'estomac noué, la gueule en feu et les nerfs à vif.

Je vais lui en balancer une direct à ce con de premier assistant qui m'a fait me réveiller trop tôt.

Ça y est mon téléphone sonne.

Quelle heure il est nom de Dieu ? Je gueule toute seule dans ma cuisine.

— Oui ? Je prends sur moi quand je réponds au téléphone.

La voix mielleuse du post-adolescent bien élevé, imberbe, rose, mou et chaussé de Converses rapportées de son dernier voyage en Shuttle via London me tend encore d'un cran les nerfs.

— Sylvie ? Il me demande.

Il me demande si c'est moi. Ma parole, il est fou celui-là ! Je pense.

— Oui. C'est Sylvie. En composant mon numéro, tu pensais parler à ta mère ? Je lui demande.

Il rit. Le fou rit. Il croit que j'ai fait une blague.

Rectification. La première de la journée que je vais balancer sera pour lui.

Le premier assistant se prendra la deuxième.

— Je suis en avance... (Dix secondes passent)

— Eh bien moi je suis en retard.

— Non, tu n'es pas en retard...

— Je sais, mais je vais l'être si on ne raccroche pas ! J'ai pas encore fini tout ce que je dois faire.

— Ben... (Dix secondes passent.) Je suis là quoi... Je t'attends...

Il m'annonce au téléphone.

— Oui, c'est ça. Attends-moi.

Je le laisse dans son embarras le fou bien élevé. Il n'ose pas me dire qu'il veut que je descende plus tôt. Il est en avance ? Grand bien lui fasse ! Je me fiche complètement qu'il se trouve à presque sept heures du matin dans ma rue. Qu'il y reste !

Je bous.

Je raccroche.

Il croit peut-être qu'il va monter chez moi boire un café et que je vais lui faire la causette ?

Il a fini de me bousiller les nerfs ce crétin. Je respire un grand coup. Doucement, il n'est que 7 heures 10. La journée va être longue. Calme.

— TIAGO ! DÉGAGE ! Je hurle en pleine gueule de mon chien.

Il couche immédiatement ses oreilles et sa queue.

Comme j'ai demandé : il dégage.

Je vais me brosser les dents : trois minutes.

Un pull. Mon blouson en jean.

— Où j'ai foutu mes clés ?

Ah non ! Je retourne tout dans mon appartement.

Derrière le canapé.

Ah oui ? C'est normal ça, que mes clés se trouvent derrière mon canapé ?

Quand je trouve enfin mes clés derrière le canapé que j'ai traîné au milieu du salon, la queue de mon chien s'agite très rapidement. Tiago est content de m'avoir fait une blague. La queue battante, la gueule ouverte et les yeux luisant de bonheur, il m'invite à jouer. Il veut jouer avec mes clés !

Tiago ce chien de malheur a été inventé pour me pourrir la vie.

Mon téléphone sonne encore une fois.

Cette fois je vais être en retard si je ne me dépêche pas.

Je déteste être en retard.

Je regarde l'heure sur mon four. Mon four rate tous les plats qu'on lui fourre dans la gueule, mais mon four donne l'heure exacte. Il me reste encore quatre minutes.

Vite. Enfiler la laisse au chien...

C'est un baudrier. Bon dieu de bon sang ! Pourquoi est-ce que n'ai pas choisi comme tout le monde un bon gros collier que je puisse lui serrer autour du cou à cet animal ?

Je dois me mettre à quatre pattes. Je dois d'abord faire rentrer sa tête énorme dans ce petit triangle.

— TIAGO ! Arrête de bouger dans tous les sens !

Il est comme atteint de la maladie de Parkinson ce chien.

Bon. Aux grands maux les grands remèdes : je me relève, je lui coince la tête très fort entre mes deux genoux. Il force pour se dégager. Je force pour le garder coincé.

Ça y est. La tête est passée.

Je me remets à quatre pattes. Il faut à présent que je le ceinture avec l'autre courroie. Il faut que la bride passe sous son ventre et que je ferme le crochet sur son dos.

TIAGOOOOOOOOO ! Ça suffit maintenant ! Le chien se débat.

Il sait qu'il va sortir, mais il n'a pas envie d'attendre d'être saucissonné.

Encore ? Mon portable sonne.

— Mais stop ! Je hurle à l'appareil.

Pour faire taire cette sonnerie qui m'assomme, je décroche.

— Allô. Tout ce qu'il y a de plus sec.

C'est encore Camille le post-adolescent qui va à London pour s'acheter une paire de baskets.

— Oui. Oui. J'ai trois minutes de retard, n'est-ce pas ? Je descends tout de suite.

— TIAGO ! TIAGO !

Il est parti comme une furie. Il court dans tous les sens, poursuivi par sa laisse qu'il tente de fuir en vain. On dirait qu'il est devenu fou. C'est épouvantable.

Je raccroche au nez de celui qui me téléphone.

J'arrive à attraper le bout de laisse qui passe devant moi au détour de la course folle de mon chien.

Paf. La porte claque.

Je dois porter mon chien pour un étage.

Il pèse vingt kilos. Il a cinq mois, il pisse et chie aux quatre coins de mon appartement tout neuf et il ne sait pas descendre les escaliers.

C'est un boxer. Quand je le porte, il dégueulasse mon T-shirt avec sa bave.

Ouf... il n'y a qu'un seul étage à faire, après il y a l'ascenseur.

J'habite le sixième et l'ascenseur ne va bien sûr que jusqu'au cinquième étage.

Ascenseur. Nous descendons.

Le post-adolescent et ses baskets sont bien là avec la Ford Horizon années quatre-vingt.

Nous devons nous rendre à l'autre bout de la ville.

Voilà. Je monte à bord du véhicule qui m'attend depuis déjà trente minutes.

Tiago se met à mes pieds côté passager.

— Bonjour Camille.

— Bonjour Sylvie, tu as bien dormi ?

— Oui. Je te remercie Camille. Je fais un effort.

Camille est gentil quand même...

Quand je referme la porte de la voiture, je suis assourdie par la musique que crachent les baffles qui saturent.

— C'est de la transe. Il me dit en me montrant le poste de radio.

Ah tiens ? A-t-il rapporté ça de London ?

Il est fier. Il est fier parce qu'il est branché.

Il éteint la radio.

— Ça me déconcentre quand je conduis. Il me dit avec un grand sourire.

Camille a le sourire incrusté dans la figure.

Pourquoi il me sourit comme ça ? Je veux qu'il arrête de sourire.

Sa bonne humeur est une insulte à ma mauvaise humeur ce matin.

J'ouvre la fenêtre, j'allume une cigarette.

Camille est très jeune. Il est rose. Il a de grands yeux bleus. Il parle très clairement. Il est poli, précieux, c est lui qui va me conduire à l'autre bout de la ville. Il voudrait faire de la mise en scène : il a fait un stage de deux semaines de théâtre à Caen. Il aime « London ». Il vient d'arriver à Paris, et il ne sait pas conduire.

Ça je ne m'en rendrai compte qu'une fois que la voiture aura bien voulu démarrer.

Il tourne la clé dans le démarreur, ce qui ne fait pas tourner le moteur mais éructer la voiture.

Je demande :

— T'as pas un problème de démarreur ?

— Oh tu sais, je n'y connais rien en voiture. Ce matin, elle n'a pas fait ça. C'est la voiture de ma mère. Elle me l'a donnée, alors je vais pas me plaindre.

Il est 7 heures 40.

Je pense : oui tu ne vas pas te plaindre. Elle t'a donné une bagnole qui ne démarre pas pour que tu me conduises, moi qui ai une bagnole qui fonctionne, mais comme tout le monde a peur que je n'arrive pas à l'heure, on m'a filé un chauffeur qui a la voiture de sa mère qui pète au lieu d'avancer.

Je ne dis rien.

Camille tourne la clé : pète.

Il tourne la clé de nouveau : pète.

Camille tourne la clé dans le démarreur des dizaines de fois : pète. Pète. Pète et repète.

Tiago bouge dans tous les sens : depuis le temps qu'on n'a pas démarré, il croit qu'on est arrivé. Il veut déjà sortir.

— Non Tiago ! Arrête ! Assis ! À ta place ! Voilà
Ouf. Le moteur démarre enfin
— Faut qu'elle chauffe un peu.
Nous sommes sur place dans la voiture de Camille.
Nous ne roulons pas. Nous sommes seulement un peu secoués par les vibrations que le moteur communique à la carlingue.
Je regarde par la fenêtre.

Camille déplie la carte qu'il a sur les genoux.
Une carte de Paris, pliée en plusieurs volets. Dépliée, la carte nous sert de tablier à Camille et moi.
Il a repéré le chemin avec un surligneur jaune. Il suit à l'aide de son doigt le tracé qu'il a effectué ce matin.
Je détourne les yeux de la fenêtre.
Ça semble laborieux.
— Je connais le chemin pour y aller. Je vais t'indiquer. Je dis.
— Ouais ! Il répond gaiement.
Camille a les dents très bien alignées et très blanches.
Sa mère a fait attention à sa santé buccale, ça se voit.
Il replie la carte immédiatement et la balance d'un air négligé sur la banquette arrière.

Avec la plus grande maladresse du monde, il enclenche la première vitesse. Avec la plus grande maladresse du monde, la voiture se met en branle.
J'espère que cette voiture va tenir le choc. Je pense.
— Là, tu vas prendre à gauche... Non, pas là, c'est un sens interdit... Là... celle-ci... Là, voilà, celle qui est après le feu...

178

— Lequel ?
— Ben celui... Ah, c'était là.
— Ah oui. Mais je ne pouvais pas y aller, il y avait une voiture qui arrivait.

Il n'y avait pas de voiture qui arrivait. Il aurait pu mettre son clignotant quand je lui ai dit « à gauche ». Il aurait parfaitement pu tourner dans la bonne rue, mais il ne l'a pas fait.
Bon nous voilà coincés sur les grands boulevards.
Camille reste toujours sur la file où il y a le plus de voitures. Il ne double jamais.
Il dit :
— Les Parisiens sont rentrés de vacances. Il y a du monde...
Je pense :
Oui. Ils sont d'ailleurs tous sur la file de droite et tous ceux qui sont encore en vacances n'ont pas encore pris leur place sur la file de gauche qui est entièrement libre.
Je ne dis rien.

Nous restons donc derrière un camion, derrière lequel on ne voit rien. Derrière ce camion qui fait un bruit énorme. Nous roulons lentement, au rythme des soubresauts que fait la voiture de sa mère à chaque mouvement d'embrayage.
Nous mettrons exactement quarante-sept minutes pour arriver sur le plateau.
C'est un chemin que je connais bien. C'est à côté de

chez ma copine. C'est un chemin que tout le monde a l'habitude de parcourir en vingt minutes. Nous aurons trente-quatre minutes de retard. Camille n'aura roulé qu'en deuxième. Il ne veut pas passer la troisième.

Il dit :

— J'aime pas passer la troisième, ça me fout les jetons au cas où je doive freiner.

Nous aurons calé treize fois.

Nous arrivons sur le lieu de tournage.

— Tu n'as qu'à te garer là... Je propose.

Quelqu'un m'attend de l'autre côté de la rue. Je suis en retard. La stagiaire me fait un large sourire mais voudrait que je me presse.

Camille dit très calme :

— Oh non, je ne vais pas faire un créneau alors qu'on me regarde !

Ça te dérange si je te laisse au bout de la rue ?

Je fais un dernier effort pour garder une voix aimable.

— Non, mais dépêche-toi.

Il parcourt cinquante mètres de plus et cale pour la quatorzième fois avant d'atteindre le bout de la rue.

Le doute m'envahit. Je me demande s'il réussira à redémarrer.

Je dis :

— Non, écoutes Camille, ici ça ira très bien. Merci, merci beaucoup.

Je fais sortir Tiago. Je sors de la voiture.

— À tout à l'heure, me dit Camille.

— Oui merci.

— Je vais dire que je ne veux plus conduire que toi moi ! Bravo tu connais très bien Paris.

On n'est pas trop en retard ça va ?

— Si. On est en retard. Je dois encore courir cinquante mètres avec mon sac et mon chien.

Je referme la portière. Je cours avec mon chien et mon sac.

— Vous êtes vachement en retard ! Elle me dit la stagiaire. Grouille-toi, Dominique t'attend depuis vingt minutes à la loge maquillage.

Il est 8 heures 30.

Je me suis levée à 6 heures ce matin, j'étais prête à 7 heures et 10 minutes, j'ai une voiture qui démarre au quart de tour, je connais très bien le chemin et même les raccourcis, je conduis formidablement bien, d'ailleurs j'ai un turbo sur ma voiture et je ne suis pas obligée de partager ma place avec mon chien. Mais ce n'est pas moi qui ai conduit.

Je ne dis rien.

Loge maquillage.

J'allume une cigarette.

— Oh, t'as pas le temps de fumer. On doit faire vite. Elle me dit la maquilleuse.

J'écrase ma cigarette.

La coiffeuse a les cheveux presque rasés. Ses petits cheveux sont décolorés « couleur aubergine » elle dit de sa couleur la coiffeuse. Elle porte une casquette

bouffante violette, un jean en velours « pattes d'éléphant » violet. Un blouson en cuir et des bottes en
plein été.
Dans deux minutes, elle va m'attraper la tignasse et
m'en faire une choucroute innommable en disant :
– Vouala. Tu es très jolie !
Si je me mets à quatre pattes et que j'aboie, je suis
sûre que mon chien va me confondre avec une
caniche.

Maquillage :
La maquilleuse va encore parler trop fort de son film
avec Jean Marais.
Je sais tout de la vie de Jean Marais. Je n'ai pas connu
Jean Marais. Je n'ai jamais vu Jean Marais. Je ne
connaîtrai jamais Jean Marais.
Nous tournons dans une usine désaffectée.
– Ça t'emmerde si je te maquille avec les doigts ?
Elle m'a demandé la maquilleuse le premier jour de
tournage. J'aurais dû lui demander si avec les pieds
c'était pas mieux.
Elle m'a expliqué que ses mains resteraient propres
car elle a un flacon d'« Assaini-mains ».
Un produit nettoyant sec anti-bactérien.
Vingt minutes de torture. Ses doigts s'écrasent sur
ma figure. Ses doigts étalent le fond de teint. Je
résiste. Je souffre en silence. Elle poudre.
Je vais passer à l'habillage.

Je finis à peine d'enfiler mon blouson quand la
voix du premier assistant retentit.

— Est-ce que mes nerfs ne vont pas casser ? Je me demande soudain.

Je suis à un niveau de tension inquiétant à présent. Ça fait peur, très peur. J'ai si mal dormi.

— On va pouvoir faire une mise en place. Il dit le premier assistant.

Le premier assistant n'est pas dans la même pièce que moi, et pourtant, j'ai envie qu'il sorte.

Je souffle, je ne peux pas arriver sur le plateau écume aux lèvres.

Les deux mains en appui sur la table de la loge habillage. Je souffle. Je fais comme la casserole de ma mère.

Non. Ça ne marche pas avec moi la décompression par soupape.

— C'est ça ! J'ai compris. Je comprends soudain pourquoi je suis si énervée depuis ce matin. Je me dis soudain.

C'est la scène que nous avons tournée hier qui m'est restée dans le ventre toute la nuit. Je me suis énervée très fort parce que ma sœur était maltraitée par son mari jaloux.

— Tu dois lui faire peur, très peur. Il m'a répété plusieurs fois le réalisateur.

Je lui ai fait peur, très peur.

Je me suis tant énervée que j'ai eu un mal fou à me calmer hier soir. Le sommeil est enfin venu, mais si tard dans la nuit.

La nuit n'a pas suffi. Le temps n'a pas été assez long pour que mon ventre ait pu cracher sa rage.

Donc si je suis énervée, c'est pas ma faute ! Si j'ai mal dormi, c'est la faute du premier assistant ! Il n'avait qu'à pas mettre une scène d'énervement qui dure toute la journée ! Son plan de travail est mauvais. C'est sa faute. Je vais lui en balancer une énorme.

— On est prêt pour une répétition. Il dit maintenant le premier assistant. Il y a maintenant une pointe d'impatience dans sa voix.

Je sors de la pièce comme un guerrier qui part au combat.

Où est le premier assistant que je le défigure immédiatement ?

Le plateau. Mes yeux sont des radars. J'avise le plateau. De gauche à droite. De droite à gauche. Pas de premier assistant.

— Tu ne perds rien pour attendre... Je pense.

Je prends sur moi quand le chef opérateur me dit :

— Ça va Sylvie ?

— Oui. Sec qui veut dire ce que ça veut dire.

— T'as mal dormi ? Il me demande.

— Ça va je t'ai dit. Je lui réponds. Sec. Qui veut expliquer un peu mieux ce que ça veut dire.

— Ben... ça a pas l'air...

— Toi non plus ça n'a pas l'air.

— Ah bon ? Pourtant j'ai bien dormi.

— Ah bon ? C'est ta tête normale ? Je lui demande.

Il est hébété.

Il a une tête de veau pas tout à fait mort. Il me regarde un instant.

Rectification : il a une tête de veau complètement mort.

Il s'en va.

Il retourne à ses occupations comme si de rien n'était.

Message reçu. Il me lâche.

Il faut quand même que je me calme un peu. Je respire. Discrètement, je réessaie de faire la cocotte.

— Mais Sabine... Tu n'as pas ton sac à main dans cette séquence ? Me demande la scripte.

La scripte ne m'appelle jamais par mon prénom. Elle m'appelle toujours par le prénom du personnage que je joue.

— Je sais pas, je ne suis pas scripte. Je réponds.

C'est bon. Elle se casse.

Mais elle revient.

— Oui tu as ton sac à main dans cette séquence. Elle me dit.

Moi je ne bouge pas. Je la regarde. Je respire à peine. Ma gorge est serrée. Mon champ de vision se rétrécit. Je ne vois plus autour. Je vois une cible : sa tête.

— Oh la scripte ! Je lâche soudain. J'avais fait un double nœud à mes lacets ou un nœud simple ?

La scripte est estomaquée. Sa lèvre inférieure pend durant deux secondes.

— Je m'appelle Jacqueline. Elle me dit.

— Eh ben moi, je m'appelle Sylvie.

— Ben je sais. Elle me dit étonnée. La scripte est étonnée. Moi je suis plus qu'énervée.

— Alors pourquoi tu m'appelles Sabine ? Je cherche la bagarre.

— Ben c'est ton rôle.

— Désolée, Jacqueline, scripte, c'est le tien.

Je tourne les talons. Ce qui veut dire fin de discussion. Si tu me dis encore un mot, je te fais avaler ton chrono qui te pend autour du cou comme une cloche au cou d'une vache.

Message reçu très lentement par son cerveau anéanti. Elle reste plantée pendant une bonne minute comme si le ciel venait de lui tomber tout entier sur la tête.

Nous commençons la répétition.

— On a fait une très belle scène hier. Très vraie. Il me dit le réalisateur.

J'y ai repensé hier soir en me couchant. Je crois que ça fait peur. Très peur.

— Oui merci, je sais. J'ai envie de lui répondre. Mais ne t'inquiète pas, aujourd'hui ça va être terrifiant ! Éloignez-vous les gars, ça va péter !

Je ne dis rien.

Je suis en place, prête à faire exploser l'usine désaffectée. Moi quand on me donne un rôle, je me sens concernée.

— Il faut que tu sois joyeuse dans cette scène. Me dit le réalisateur.

— Quoi ? Qu'est ce qu'il a dit ? Joy quoi ? Soudain, je ne comprends pas le sens des mots que prononce le réalisateur.

Devant mon air pas joyeux du tout, le réalisateur s'explique.

— Oui. Il faut que tu sois joyeuse. Contente. Légère. Tu as reçu une lettre de ta sœur. Ta sœur est aujourd'hui heureuse avec son nouveau mari. Tu es heureuse pour elle.

Ah ben alors c'est ça ? Hier matin, j'étais contente, le réalisateur m'a demandé de m'énerver.

Hier, j'ai eu un mal fou à me mettre en colère, j'y suis arrivé avec beaucoup d'efforts.

Maintenant que je me sens de réduire en miettes cet abruti de mari jaloux, il faut que je sois joyeuse ?

Mais comment je vais faire maintenant pour être joyeuse avec cette figure toute dure ?

L'humeur de mon personnage est une humeur si différente de la mienne aujourd'hui.

— Pourquoi d'un jour sur l'autre elle est d'humeur si différente ? Je me demande maintenant.

Quand elle se couche, elle oublie tout de la journée ou quoi ? Elle se couche énervée et se relève guillerette ? Mais elle est complètement folle cette fille ! J'ai envie de lui dire au réalisateur.

Je regarde autour de moi. Comment faire ? Aujourd'hui, ma bouche ne veut pas sourire. Mon visage est fermé. Aujourd'hui, la scène que nous allons tourner doit être une scène joyeuse ? Comment expliquer que rien ne va aujourd'hui ? Comment dire que je n'ai pas envie de rire ? Comment dire que je ne peux même pas sourire un tout petit peu ?

— Excuse-moi, je peux retourner me coucher, attendre quelques jours et recommencer une journée du début ? J'ai envie de demander...

— On fait une répétition. Il dit le réalisateur. Tu dois être gaie, très gaie. Il me dit.

Où trouver l'humeur ?

— Action.

Nous répétons la scène.

Plusieurs fois le réalisateur me dit :

— Il faut vraiment que tu sois gaie.

Nous tournons la scène...

Je suis passée par plusieurs couleurs avant que toutes les couches d'énervement qui me collaient me laissent.

J'ai réussi à obtenir le point zéro. Le point auquel je n'ai pas envie de rire, mais le point auquel je ne suis pas énervée. J'ai épié l'équipe, les moindres détails de leurs gestes, de leurs mots, de leur comportement.

— Quelque chose va me faire rire, n'est-ce pas ? Un membre de l'équipe va me sauver ?

Quelque chose a dû fonctionner...

J'ai fini par être gaie. Très gaie.

Nous avons fini la journée.

Camille vient me dire que la voiture m'attend. Quand Camille enclenche la première et que la voiture de sa mère pète, j'éclate de rire. Quand Camille me sourit et me demande :

— Tu connais le chemin pour rentrer ?

Je le trouve attendrissant et très drôle.

— C'est joli ces deux petits ronds roses sur ses joues.

Tiago est un chien plein de vie. Que je l'aime ce chien !

Au feu rouge, un flic qui nous a arrêté me fait beaucoup rire. Il a du mal à paraître méchant. On prend une amende. Camille est passé à l'orange. Ça dure...
Le policier vérifie le permis, la carte grise, la plaque, l'assurance, la pastille verte... Il tourne autour de la voiture, ce qui excite beaucoup mon chien qui a la même habitude et voudrait tourner avec lui.
Après une demi-heure, il nous demande de circuler.
En démarrant, la voiture pète.
J'ai passé la journée à être joyeuse.

13

Je vais tourner dans un film. Une tour de quarante-quatre étages.
La Défense département des Hautes-Seines. France.

C'est bizarre la Défense. C'est un drôle de nom la Défense.
Les rues sont au quatrième étage.
Toutes les rues sont sur les parkings. Les arbres poussent au quatrième. Les architectes ne pouvaient pas creuser pour mettre les parkings en sous-sol. Il y avait déjà le métro. En dessous non plus. Il y avait déjà le RER. Ils n'ont sûrement pas eu le droit de démolir ni le RER ni le métro pour faire des parkings. Le métro et le RER étaient là avant. Les architectes ont construit quatre étages de parking au niveau zéro de la Défense. Ils ont remis les trottoirs au-dessus. Ils ont remis les magasins au-dessus. Ils ont remis les lampadaires au-dessus. Ils ont remis les rues au-dessus. Pour lire la plaque qui indique le nom des rues, il faut

prendre l'ascenseur et sortir au quatrième étage. Le soleil ne brille qu'à partir du quatrième étage.

C'est la Défense. Des tours. Du verre, de l'acier, du béton. Mais des grandes rues piétonnes. Les voitures n'ont pas la possibilité de rouler dans les rues. Elles ne peuvent pas prendre l'ascenseur. Elles sont bloquées au troisième étage les voitures. À la Défense, il est défendu d'entrer dans les tours sans carte magnétique. À la Défense, il est défendu d'entrer dans les parkings sans badge. À la Défense, si on a rien à y faire, est-ce qu'il est défendu d'y aller ? Moi j'ai le droit d'aller à la Défense parce que je tourne dans un film.

J'ai une carte magnétique avec ma photo et mon nom. Ma carte a une durée de validité de deux mois. C'est bien, c'est la durée du film.

Chaque matin, je me réveille à 6 h 15 très exactement.

La sirène hurlante de mon réveil ultra-moderne m'a encore assourdie pendant dix minutes ce matin.

Je me suis traînée jusque dans la cuisine. Il était 6 h 25.

Avant d'aller tourner, j'ai mon rituel. Tout est chronométré. Pas beaucoup de temps pour se prélasser.

J'avais préparé ma vitamine C. Je prends un verre, je jette la vitamine qui est effervescente dedans. Ça fait pchittttt. Rien que ce petit bruit là m'annonce que la vitamine fait presque déjà effet.

Je sors les patchs anti-cernes de leur boîte. Une demi-heure. C'est marqué sur la boîte.

Moi je fais comme c'est marqué sur la boîte.
Chaque matin je vis avec mes patchs anti-cernes pendant une demi-heure.
Avant j'avais des cernes. Maintenant, j'ai des patchs.

J'appuie sur le bouton de la cafetière.
Le bruit du café qui passe me dit déjà que bientôt je vais être réveillée complètement.
Je vérifie l'heure.
6 h 40.
Décidément cette pendule, elle me vole des minutes ! Je n'ai rien le temps de faire !
Je la fixe trente secondes. Est ce qu'elle n'avancerait pas trop vite cette pendule ?
Non. Ça a l'air d'être normal.
Est-ce que dès que j'ai le dos tourné elle se met à tourner plus vite ?

Sécurité-Sécurité. Je branche mon portable. Il y a l'heure qui s'affiche.
Je pose mon portable à côté de mon bol. Je peux surveiller que l'heure tient bien son rythme.
Je bois la vitamine.
Le frigo. Je sors tout ou presque ce que mon frigo contient.
De la viande des Grisons. Du gouda au cumin.
Du camembert !
S'il y a une chose que j'aime dans la vie, c'est le camembert.
Depuis toute petite j'aime le camembert.

Du pain.

Il est 7 heures. J'ai bu tout le café. J'ai bien mangé.

Je suis contente. J'aime le film dans lequel je tourne.

Je vais me doucher. Dans vingt minutes le chauffeur m'attendra en bas.

Un T-shirt. Un jean. Mes Nike.

Je porte mon chien un étage. L'ascenseur. Cinq étages.

La voiture m'attend devant la porte.

C'est Mathieu qui m'attend. Mathieu est le deuxième assistant réa. Ça veut dire qu'il assiste l'assistant du réalisateur. Quand on fait du cinéma. Le réa, c'est le réalisateur. Tout le monde sait ça.

Mathieu est le second du réa. C'est lui qui garde ma carte magnétique. Comme ça, on est sûr que je ne la perds pas. Si je perds ma carte, je ne rentre pas dans la tour.

Le premier du réa conduit le réa. Moi je suis conduite par le second du réa.

Le second du réa et moi, on écoute de la musique et on parle. Il est drôle. Il me raconte qu'il sort avec une hôtesse de l'air et qu'elle est partie au Maroc avec les clés de chez lui.

— Oh les boules ! Je dis.

Ça l'aide drôlement.

Il a l'idée de téléphoner à sa mère pour savoir si par hasard elle a un double des clés qui sont parties en voyage au Maroc.

Ouf. Sa mère a un double. Il est rassuré. Moi aussi.

Le second du réa, mon chien et moi sortons de l'ascenseur qui vient des parkings. Nous marchons sur les parkings, dans la rue piétonne. Nous marchons sur le troisième.

Nous parcourons très exactement vingt-huit mètres. Nous entrons dans la tour.

Cartes magnétiques. Ascenseur. Dix-neuvième.

Le réa fume dans le fumoir. À la Défense, il est défendu de fumer dans tous les coins.

À la Défense, on fume dans le fumoir.

Le premier du réa aussi fume dans le fumoir.

Le cadreur ne fume pas. Il est dans le fumoir. Il mange un croissant.

Le cadreur préfère rester dans le fumoir sans fumer que tout seul dans tous les coins.

Le réa. Parle.

C'est le deuxième tour des présidentielles.

Jean-Marie Le Pen est au second tour. La France est traumatisée. La Défense est traumatisée. Notre tour est traumatisée. Le fumoir est traumatisé. Le réa est dégoûté.

Demain il faut aller voter.

— Tu vas voter demain ? Il demande au cadreur le réa.

— Oui. Il répond le cadreur. En plus, lui il vient de la banlieue. Sa banlieue aussi est traumatisée.

Je dis bonjour.

— Tu vas voter demain ? Il me demande le réa direct.

— Oui. Je réponds.

Le premier du réa regarde sa montre.
Je dois aller à l'habillage. Pas le temps d'être traumatisée. Après je dois aller au maquillage.

— PAT neuf heures ! Il dit le réa.
Il est de bonne humeur le réa. Même s'il est inquiet à cause de Jean-Marie le Pen, il est souriant.
PAT ça veut dire Prêts À Tourner.
La première fois que j'ai vu PAT sur ma feuille de service, je me suis posé des questions.
Je me souviens que je n'ai pas réussi à comprendre toute seule. J'ai dû demander la réponse. La feuille de service, c'est la feuille que j'ai tous les jours où c'est marqué que demain on vient me chercher à la même heure qu'aujourd'hui, mais qu'on va pas tourner la même scène.

8 h 50.
Ma maquilleuse est formidable. Elle sait que je n'ai pas eu le temps de fumer ma clope. Elle s'est grouillée. On a dix minutes d'avance. La lumière n'est pas encore prête.
J'allume une cigarette dans le fumoir.
Tous ceux qui ne font pas la lumière sont dans le fumoir.
L'équipe s'entend bien. Personne ne s'aime pas.
C'est le réa qui donne le ton sur un film.
Le réa, là, il a donné le bon ton. « Celui qui fait chier, il se casse. »
Personne ne fait chier. Tout le monde va voter demain.

Je suis contente sur le plateau.

Je suis une actrice joviale. J'aime tourner. J'aime faire des scènes et je me donne du mal.

Je fais tout ce que je peux pour voir la « lueur dans l'œil » du réa.

Souvent, il est content le réa. J'aime que le réa soit content.

Quand vraiment j'ai donné un max, le réa a une « lueur indescriptible dans l'œil ».

Ça me fait plaisir la « lueur indescriptible dans l'œil » du réa.

Il m'impressionne le réa. Si je peux apercevoir cette « lueur indescriptible » dans son œil, alors là...

On va tourner la séquence. C'est la fin de la troisième semaine.

Le réa a confiance en moi. Il sait que quand il y a une scène dure, je me les casse.

Là, il faut que je me les casse : la scène est dure.

Je suis assise à mon bureau et ma supérieure, mon amie, celle que j'aime par-dessus tout ne veut plus travailler avec moi. Mon amie veut que j'aille nettoyer les chiottes.

Mon amie en a vraiment marre de voir ma tête du matin au soir. Elle veut que je parte aux toilettes et que j'y reste.

Moi, je dois jouer l'écoute et après je dois jouer la surprise et après je dois me faire envahir par la tristesse.

Le réa veut obtenir le meilleur de moi. La scène est

197

longue. C'est un gros plan. Je ne peux pas me défiler.
Je ne dois pas bouger de ma chaise.
L'équipe fait le silence. Je dois me concentrer.

— C'est quand tu veux Sylvie. Tu nous dis quand
tu es prête. Il dit d'une voix très douce le réa. Silence.
On me met dans les meilleures conditions pour que
je puisse me les casser du mieux que je peux.
Tout le monde est en place.
Bernard dit Nanard tient la perche. La position de
Nanard pour ce plan sera les deux bras en l'air. Micro
au-dessus de ma tête. Micro prêt à m'enregistrer.
Nanard : à son poste.
Pierre dit Pierrot est l'ingénieur du son. Pierrot a les
doigts sur les boutons, son casque sur les oreilles.
À son poste.
Le cadreur, Éric, a l'œil sur la caméra.
À son poste.
Le pointeur, c'est lui qui fait que l'image est floue ou
nette. Le pointeur c'est Jérôme.
À son poste.
Ma partenaire, debout, la tête collée à la caméra pour
que mes yeux soient prêts de l'objectif.
À son poste.
Toute l'équipe est parée. Immobile. Le réalisateur est
collé à l'écran de télévision appelé par les gens de
cinéma le « combo ». Il attend. Ils attendent.
Que je sois prête...
Silence.

Je vais me les casser. Pour me les casser correcte-
ment, je prends mon temps.

— C'est quand tu veux Sylvie. Il dit le réa.

Tiens... Ça c'est la deuxième fois.

Bon...

Je regarde Nanard. Il a toujours les bras en l'air.

Oh merde, ça doit être lourd sa perche ! Je pense.

Le cadreur aura bientôt l'œil aspiré par la caméra si je
ne suis pas bientôt prête.

Ma partenaire est très gentille. La tête collée à la
caméra, de debout sur ses deux jambes, elle est maintenant en appui sur une seule. Elle me sourit. Elle
attend.

Ils attendent.

— Elle va se les casser dur la petite. Ils pensent.

Dans le silence concentré, je lève la tête.

— Ok. Je dis au réa.

Le réa dit.

— Moteur.

Pierrot, son casque sur la tête, répond.

— Ça tourne.

Le pointeur dit :

— Annonce.

Le premier du réa court se mettre devant moi.

Il a un clap.

— Il dit quarante-deux sur une première.

Il court se remettre à sa place. Accroupi à côté du
combo.

Silence. On tourne.

Qu'est-ce que je dois dire déjà ?...
Je ne me rappelle pas. Il n'y a rien dans ma tête. Je
suis très intriguée par Nanard le perchman.
Ses bras doivent être très musclés. Je pense.
Il est capable de porter sa perche qui pèse plusieurs
kilos durant des heures sans rien dire.
Moi je suis assise sur ma chaise.
Je ne dis rien non plus.

— Anatawa beligiijin wa inai wa ? Me demande
soudain ma partenaire.
Qu'est-ce que c'est que ça ? Je me demande.
J'ai rien compris à ce qu'elle m'a dit !
Qu'est-ce qu'il lui prend ?
Ah oui. C'est vrai, elle me parle en japonais.
La mémoire me revient. J'ai passé deux mois et une
semaine dans le studio de Kyoko, une dame japo-
naise qui enseigne le japonais aux Français.
J'ai appris le japonais parce que je dois tourner en
japonais.
Ma partenaire est japonaise justement et elle vient de
me parler dans sa langue maternelle.
Maintenant elle attend de moi que je lui fournisse la
réponse.

La réponse est dans ma tête quelque part. Je ne sais
pas exactement dans quel endroit de mon cerveau
s'est camouflée la réponse, mais je vais la trouver.
Je cours dans les chemins de mon cerveau. Il y a un
tas de trucs là-dedans ! C'est inouï !

200

Je croise des images à n'en plus finir. Tiens des phrases ? Ah non. Ça c'est de l'allemand... Ah, non... ça c'est la scène de Shakespeare que j'ai passée au concours du Conservatoire.

Japonais... Japonais... Mais où donc se cache le japonais ?

Tiens... si c'était par là...

Oh mon Dieu non ! Je viens de croiser une image dans mon cerveau ! J'ai croisé une image que mon cerveau a créée tout seul sans que je ne lui aie rien demandé.

Mon cerveau est retors ! Il fabrique des images pour me faire rigoler quand ça n'est pas le moment !

Mon cerveau est un être abject ! Il cache des éléments dont j'ai besoin et il en crée d'autres pour me déconcentrer !

Je m'arrête dans un couloir de mon cerveau.

C'est la galerie des âneries. C'est pas vrai !

Je me suis trompée de chemin ! J'ai emprunté le mauvais couloir !

Je suis coincée au rayons des conneries ! Je le savais pourtant !

Je ne peux pas faire machine arrière ! Quand on entre dans ce couloir, on ne peut plus en ressortir. Il y a une énorme porte blindée qu'on ne peut déverrouiller qu'à la dynamite ! Je n'ai pas de dynamite ! Je suis coincée.

L'image. L'image que mon cerveau m'a créée : Nanard tient la perche les deux bras en l'air quand soudain son pantalon craque. Nanard en slip.

Oh ben c'est bien cette idée ! C'est vraiment le genre de choses que mon cerveau peut m'inventer dans un moment pareil !
Ma figure se fend en deux malgré moi. Je fais tout pour retenir ma figure !
Ma figure fait ce qu'elle veut.
Mon cerveau est horrible ! Il invente aussitôt une autre image : la réaction de ma partenaire.
Une très jolie femme japonaise. Délicate.
L'image de la tête de ma partenaire m'est fatale. Elle voit Nanard en slip au milieu du plateau, elle ne fait rien. Le calme absolu. Comme si elle ne voyait pas Nanard tenir la perche en slip.
J'éclate d'un rire sonore dans le silence.
Personne ne rit. Je ris. Seule.
Mon cerveau a gagné sur moi. Je rigole.
Je rigole si fort.
On dirait que je suis devenue folle.
Dans le silence. Je ris. J'en ai mal au ventre.

— Coupé.
Le réalisateur est compréhensif.
— Tu veux un verre d'eau ? Il me demande le réa.
L'équipe est restée muette.
Leur cerveau ne leur a pas inventé d'image drôle.
Personne n'a compris.
— Pourquoi elle a ri, ils se demandent. Il ne s'est rien passé de marrant.
— On réessaie ? Me demande le réa.
— Oui. Je dis.

Nanard avait baissé ses bras. Il les relève. Pierrot avait
ôté son casque. Il le remet.
Le cadreur montrait ses deux yeux. Le gauche redis-
parait dans l'œilleton. Tout le monde à son poste.
Silence.

— Moteur. Dit le réa.
— Tourne. Dit Pierrot.
— Annonce. Dit le pointeur.

Comment faire pour sortir de ce couloir ? Je suis
angoissée. Je ne trouve pas de solution.
Ils sont si biscornus ces couloirs !
Le premier du réa court de nouveau.
— Quarante-deux sur une deuxième.
Il retourne s'accroupir au pied du combo.
Je suis coincée dans ma cervelle.
Je cours dans tous les sens. Trouver un autre chemin.
Cette foutue porte blindée ne s'ouvrira jamais. Je
dois trouver une autre issue.
Silence.
Je suis dans la salle des pas perdus. Au milieu de tout
ce que mon cerveau contient de débris.
Bouts de souvenirs. Images insolites. Des gens que je
ne connais pas ou très peu. Ça va. Ça semble calme
aujourd'hui dans la salle des pas perdus.
Bon, je vais rester là un moment, ça va me calmer.
Je me concentre.
Une grande, une très grande inspiration. Je regarde
ma partenaire.

Ne penser qu'à elle. Ne pas regarder Nanard. Il inspire mon cerveau Nanard aujourd'hui.

Regarder ma partenaire. Le temps passe. Comment faire pour sortir de ce couloir ? Je panique. Je ne trouve pas de solution ! Au secours !

Sur le plateau. On est concentré.

Pas un bruit. Il y a cinquante personnes qui font moins de bruit qu'une seule mouche.

Ils sont trop longs ces couloirs ! Comment faire pour sortir de ce labyrinthe ? Je suis en sueur à force de courir partout.

Nanard retient sa respiration.

— Action. Dit le réalisateur dans le silence.

— Anatawa belugiilin wa inai wa ?

Non ! Non ! Nanard passe dans la salle des pas perdus !

Ne le regarde pas Sylvie ! Non ! Non ! Ne regarde pas dans la salle des pas perdus !

C'est mon cerveau qui continue ! Il invente qu'à force de retenir sa respiration, Nanard tombe raide asphyxié sur moi !

Je vais rire. Mon cerveau va encore gagner ! Non ! Je ne peux pas faire ça ! Je veux la « lueur indescriptible » dans l'œil du réalisateur !

J'ai une idée. Une solution.

Je vais regarder Nanard calmement et je vais voir qu'il va très bien.

Je tourne ma tête calmement. Je me contrôle.

Je regarde Nanard les bras en l'air. Il va mal.

Ça fait quinze minutes qu'il a les bras en l'air. Il est tout rouge. Sa figure est rouge d'effort.

Mon cerveau m'invente une phrase. Il m'invente une phrase idiote alors que j'essaie par tous les moyens de lui échapper.

Mes yeux sont fixés malgré moi sur Nanard.

J'entends du fond de la salle des pas perdus : « M'achèterais bien un nouveau slip moi. »

J'éclate de rire.

Silence.

– Coupé. Dit le réa.

L'équipe est médusée. Cette fois, ils sont impressionnés. Aussi peu de concentration, c'est rare !

– Tu veux fumer une sèche ? Il me demande le réa.

Je suis orgueilleuse.

Je ne veux pas admettre que je suis perdue dans ma propre cervelle. Je ne veux pas admettre que je ne connais pas le moyen de sortir de là. Je ne veux pas admettre que mon cerveau me dicte sa loi. Mon cerveau va me faire rire. Quand mon cerveau commence comme ça, ça peut durer longtemps. Mon cerveau s'est emparé de moi, il m'a coincée dans son labyrinthe.

Je suis incapable de jouer la scène et même incapable de prononcer la moindre phrase.

Je ne suis pas concentrée. Je le sais. Je ne veux pas l'admettre. Plutôt crever sur ma chaise que de me lever fumer une sèche ! Je pense.

Le réa n'est pas énervé contre moi. Il comprend. Il fait tout pour me mettre à l'aise.

— Tu veux un verre d'eau me demande le premier du réa.

— Non. C'est bon. Merci. Je réponds.

— Ok Sylvie ? Me dit le réa en se rasseyant sur sa chaise avant de lancer le moteur.

Il est gentil le réa. Il a beau être un homme de cinéma extrêmement talentueux, il ne rabaisse jamais les gens. Il sait que je vais encore rire. Je l'ai vu. Il en est sûr même. Je me dis.

Non ! Je vais le surprendre. Je pense. Il n'en reviendra pas !
Je me redresse. Je respire un grand coup. Je regarde ma partenaire comme si c'est elle qui avait un problème. L'orgueil ! L'orgueil. C'est l'orgueil qui peut vaincre ma cervelle. Je fais signe à ma partenaire que c'est bon. Cette fois je suis de retour. Elle peut compter sur moi. Je dis. Comme pour m'en persuader :
— On peut y aller. Je m'excuse.
Cette fois, je suis prête à me les casser comme jamais auparavant

J'ai pris un ton d'actrice qui sait de quoi elle parle. Grande professionnelle. Par ma phrase, j'ai signalé à toute l'équipe que attention les mirettes, ouvrez grand les oreilles, le miracle va avoir lieu ici même servi par moi !

— Moteur. Dit le réa qui n'a pas molli dans sa façon de motiver la troupe.

C'est un « Moteur » entraînant et gai qui signifie à toute l'équipe que s'il y en a un qui l'ouvre il la refermera direct.

— Tourne dit Pierrot.

Normal comme si de rien n'était.

Nanard les bras en l'air. Comme si c'était sa position favorite. Il est souriant.

Peut-être que c'est comme ça qu'il se sent bien... Moi j'ai cette tête quand je suis dans un transat.

Je lutte contre mon cerveau qui m'envoie des réflexions maintenant !

Ça va. L'orgueil est là. L'orgueil va me sauver.

— Annonce dit le pointeur.

Il est si normal qu'on dirait qu'il ne m'a même pas vue aujourd'hui.

Mon cerveau tente de m'inventer une nouvelle image au sujet du pointeur. Non ! Image non reçue : l'orgueil a réussi à faire capoter l'attaque.

Le premier du réa court.

Il tombe !

Il tombe presque sur moi avec son clap ! La figure du premier du réa est par terre !

Oh mon Dieu non ! J'avais presque gagné une bataille qu'une nouvelle guerre m'est déclarée !

Ma tête s'écrase sur le bureau. Je suis secouée par une vague qui propulse mon rire comme une éruption volcanique.

Hahahahahahahahah. Il n'y a plus de silence. Je suis incalmable. Mes yeux pleurent. Je suis écarlate. Ma figure est fendue en deux par ma bouche qui s'étire. Une distinction folle. J'ai le nez écrasé sur la table.

Je ne demande même pas à l'assistant du réa s'il s'est fait mal. Je n'y pense même pas. Je hurle de rire. Haaaaaaaa ! ! ! ! !

– Bon. Coupé dit le réa calmement devant la tornade.

– Viens fumer une sèche. Il dit cette fois.

Comme ce n'est pas une question, je dois y aller. Je respire. Je me lève. Je passe devant toute l'équipe. Haaaaaaaaa ! ! ! ! Je ris en marchant. Haaaaaaaaa ! ! ! ! !

Je ris en poussant la porte.

Haaaaaaaa ! ! ! ! ! Je vais me faire remettre en place, je pense, mais je continue. Haaaaaaaaa ! ! ! ! ! !

J'ai la tête basse.

Je sors. Haaaaaaaa ! ! ! !

Le réa est dans le fumoir. Tout seul. J'ai déjà moins envie de rire. Par son regard, le réa balance une dynamite contre la porte qui me tient prisonnière. Il rappelle l'orgueil qui s'était barré.

Je suis presque libérée de ma cervelle.

Il me fait un sourire qui signifie qu'il n'est toujours pas énervé.

Au lieu de voir « la lueur indescriptible » qui fait plaisir, je vois la cigarette qu'il me tend.

Je lève mes yeux honteux sur le réa. Il y a tant de compréhension. C'est normal. Je comprends. Je comprends qu'il sait que ça arrive.

Houps une voix du fond du couloir des lamentations m'envoie une idée. C'est normal ce qui m'arrive. Ça arrive aux actrices. Je suis une actrice normale.

Est-ce qu'une actrice peut supporter cette idée ?

Non.

L'orgueil est revenu au grand galop. Orgueil musclé. Orgueil dopé.

— Je m'excuse. Je dis au réalisateur, comme si ce genre d'événement était exceptionnel chez moi.

— Tu n'as pas à t'excuser. Tu fais un métier difficile. Il me répond.

Ah ben oui... Je fais un métier difficile. C'est normal alors que je rigole comme une folle.

Nous fumons en silence.

Je suis mal à l'aise. Je ne sais pas quoi dire. Dans la pièce à côté, il y a toute l'équipe.

Ils attendent en silence. Ils attendent qu'on finisse de fumer. De toute façon, s'il y en a un qui l'ouvre...

Ils attendent que je revienne jouer ma scène.

— Qu'est-ce qui te fait rire me demande le réa soudain.

Je suis sans voix. Je ris pour rien. Rien ne me fait rire. Rien n'est drôle. Je ne peux pas dire que je suis perdue dans ma cervelle quand même ! Je ne peux pas lui expliquer que mon cerveau m'invente des conneries qui n'ont rien à voir avec ce que je suis censée penser !

Je voudrais trouver une excuse. N'importe quoi. Une mouche est passée quand ma partenaire a dit sa phrase.

Il attend ma réponse le réa. Il a fini sa cigarette.
— Je ris parce que...
— Est-ce que je peux faire quelque chose ? Il dit en
me coupant le réa. Il sait que je n'ai pas la réponse.
Sa gentillesse, sa compréhension me terrassent tout à
coup.
Je m'attendais à me faire disputer. Non. Il veut
m'aider.
J'éclate de rire sur le plateau d'un des plus grands réa-
lisateurs français et il me demande ce qu'il peut faire
pour moi.
Je n'en reviens pas.
Je retourne dans mon cerveau. Je cherche au rayon
explications...
Non ! Rien n'est répertorié à « réalisateur compré-
hensif devant l'actrice principale qui fait n'importe
quoi ».
Je me retrouve au rayon découverte.
Je n'ai jamais vu ça.
Propulsée au rayon des archives :
une image dans mon cerveau.
Je suis une petite fille. Je suis à l'école. Je suis au
tableau. Je dois résoudre l'addition avec ma craie
blanche à la main.
Je suis écarlate. Haaaaaa ! ! ! ! Je rigole. Je suis hysté-
rique. Je ris du même rire que sur le plateau aujour-
d'hui.
La maîtresse est hors d'elle. Rouge de colère.
— Au coin Sylvie ! Elle me hurle la maîtresse.
Je ris de plus belle. Je n'arrive pas à résoudre l'addi-
tion. Je rigole.

— Chez le directeur ! La maîtresse m'emmène chez le directeur. Je serai punie. Je ne participerai pas à la prochaine classe verte.

Elle fout la trouille la maîtresse. Pourtant, quand je pars avec elle chez le directeur, je rigole très fort. Haaaaaaaa ! ! ! ! ! !

La voix du réalisateur me sort encore une fois de mon cerveau :

— Je ne suis pas ton professeur. Il me dit le réalisateur.

Je ne vais pas t'engueuler.

Ma parole ! Il est entré dans mon cerveau ! Ma parole ! Il a accès au rayon des archives !

— Tu ris parce que tu es tendue. Respire et quand tu seras calmée on retournera sur le plateau.

— C'est bon. Je suis calmée. Je dis.

— Non. Tu n'es pas calmée. Il répond.

Il a raison ! Je ne suis pas calmée ! Je ne suis pas du tout calmée ! Je suis même au bord de l'hystérie ! Ça m'énerve qu'il aie raison ! Il sait mieux que moi ce qui se passe dans ma tête !

Je dois chercher une autre solution.

Allez hop ! Un nouveau couloir dans ma tête.

C'est la salle de sport. Un ring. Des gants de boxe. Un ennemi à combattre. J'observe la photo de mon adversaire. Qui dois-je combattre pour gagner le round ?

La photo du réa ? C'est la photo du réa ? Mais oui ! C'est ça ! Je dois me battre avec le réa en personne !

211

Je regarde le réa. Soudain, je suis enragée.

Le réa me tend. Je suis impressionnée par le réa ! J'ai si peur de décevoir le réa que je suis tendue ! Il faut que je me défasse de cette peur ! Il faut que je tue le réa ! J'ai trop envie de voir la « lueur indescriptible » dans son œil ! Je veux résoudre l'addition aujourd'hui même ! Je veux la meilleure note avec l'image, la mention d'honneur et tout le bordel ! C'est ça !

Il faut impérativement que je me fiche de « la lueur indescriptible » dans l'œil du réa !

Comment faire ?

Une idée me vient. Je regarde le réa. Des yeux d'acier.

— Je ne sais pas quoi jouer dans cette scène. Je n'ai rien sous mes pieds. Je n'ai pas la solution. Je dis d'un ton ferme au réa.

Le premier coup est porté. J'ai enfilé mes gants de boxe. Un direct tout droit qui lui arrive dans sa figure !

Je regarde la réaction du réa.

Il est impassible le réa. Il n'a pas eu mal. Même on dirait qu'il me comprend. Même on dirait qu'il l'attendait.

J'attends sa réponse au réa. Position de défense, il va attaquer.

— Moi non plus tu sais, je ne sais pas comment tu dois jouer cette scène. Moi non plus je n'ai pas la solution.

Quoi ? Il n'a pas la solution ? Quoi ? Il ne veut pas résoudre l'addition ? Je suis dans la salle de sport sur mon ring avec un adversaire qui refuse de se battre ? Je ne peux pas gagner le round s'il ne se bat pas !

— On va chercher ensemble. Il me dit le réa.

Quoi ? Il veut être mon allié ? Il refuse de se battre. Il veut qu'on soit amis ?

Là, je ne sais plus quoi répondre. Je ne sais plus quoi faire. Je sabote le tournage en riant. Je ne joue pas ma scène. On prend du retard à cause de moi et personne ne veut se battre avec moi ?

Je regarde l'horloge accrochée au mur.

— Tu as peur de nous faire perdre du temps ? Il demande le réa.

Le réa m'a tiré une flèche dans le ventre. Je saigne dans mon ventre.

Je ne peux pas répondre. Je ne suis plus dans mon cerveau. Je suis dans mon ventre. Je suis dans ma gorge. Il y a subitement un nœud trop gros dans ma gorge. Je respire très mal tout à coup.

Le réa pose son regard sur moi. Son regard est apaisant.

Je n'ai subitement plus envie de rire. Je n'ai subitement plus envie de combattre. Je n'ai subitement plus de galeries dans la cervelle.

Je suis subitement une fille assise sur une chaise qui ne comprend pas ce qui lui arrive.

J'ai subitement les nerfs qui lâchent.

— Tu n'as rien à me prouver. Il me dit le réa.

On ne peut pas gagner la coupe tous les jours. D'ailleurs sur mon plateau, il n'y a pas de coupe à gagner. Personne ne sait rien. Moi non plus.

Ces quelques mots ont explosé dans mon ventre. Ils ont tout fait éclater.

On ne court pas pour la Coupe du Monde ?
Je sens le nœud de ma gorge qui se desserre.
C'est une déferlante de l'Océan Atlantique qui passe par mes yeux. Je suis inondée par mes propres larmes.
J'ai honte. Je pleure. Je pleure fort à présent.
— Tout ce que je fais, je le fais fort. Je pense.
Je ris fort. Je crie fort. Je frappe fort et maintenant je pleure fort.
Le réalisateur a compris. Il se lève.
— Je reviens. Il me dit.

J'ai pleuré un quart d'heure. Sur moi. J'ai pleuré sur ma médiocrité. J'ai pleuré sur mon arrogance. J'ai pleuré la « lueur indescriptible » dans l'œil du réa.
Le réa est revenu avec la maquilleuse.
La maquilleuse a nettoyé le noir que j'avais autour des yeux. Elle a remis du rose sur mes joues.
Je suis retournée sur le plateau. Je ne pensais plus à rien.
Je n'avais peur de décevoir personne. J'étais tombée si bas.

Ma partenaire a dit :
— Anatawa belougiijin wa inai wa.
Je n'ai rien fait. J'ai écouté ce qu'elle a dit. Après je me suis souvenu de ma phrase.
— watashi no iona belugiijin wa inai wa.

214

Nous avons joué la scène.

Le réa a dit coupé.

Je ne l'ai pas regardé pour voir s'il y avait la « lueur indescriptible » dans son œil.

Le réa est venu vers moi. Il a mis sa main sur mon épaule.

— Si tu rigoles et qu'après tu me donnes ça. Alors ris tant que tu veux. Il m'a dit le réa.

14

Une fin de soirée terrible. Mon amant m'a abandonnée dans ce bistrot de quartier crasseux et mal décoré. 18e arrondissement.
Je suis anéantie.
Nous avons dansé. Nous avons ri. Nous nous sommes tant aimés.
Je me sens une femme médiocre. Il m'a laissée ici.
Les yeux rouges, je n'ai pas la force de pleurer.
Seule, sur ma chaise dans ce désert de tables en formica marron. Les néons inondent ma vie de leur lumière froide.
Je vais sortir. Je vais marcher dans les rues. La partie est finie. Je le sais. Claire le sait.
Claire, qui étais-tu ? Étais-tu le personnage du film et moi l'actrice ?
Suis-je Claire ? Ton prénom est-il désormais le mien ?
Un instant, dans ce bistrot, je n'ai plus la force de bouger. Je suis résignée. Abandonnée.

J'appartiens à ce bistrot, j'en fais partie. J'en fais partie, comme ses chaises, ses tables, son comptoir.

Je me suis tant battue pour garder cet homme. Il est l'homme de ma vie.

Je vais apprendre à vivre sans lui. Claire va apprendre à vivre sans lui.

Une nuit si romantique. Une nuit d'été : Paris.

L'ambiance de la fin d'une histoire. Une histoire d'amour. Le passé se fait déjà plus présent que le présent lui-même.

C'est la fin du tournage. Encore une séquence...

Cette ambiance de la fin du film me déchire presque plus que la fin de cette histoire d'amour. Une histoire d'amour qui était la mienne il y a encore quelques minutes.

Il y a encore quelques minutes, le futur était mon présent.

Nous avons passé tant d'épreuves. Nous avons raconté cette histoire de Claire et de Marc. Notre histoire.

Claire et Marc... Ils se sont déchirés. Ils se sont construits puis déconstruits pour se reconstruire un jour.

Le réalisateur, les acteurs, l'équipe du film, tous, nous sommes les témoins de leur histoire.

Nous savons qu'ils sont maintenant. Nous avons vécu pour eux.

Nous les connaissons si bien.

Moi aussi je les connais. Je la connais, Elle, plus que personne d'autre au monde.

Claire, mon amie.

Sauras-tu jamais qui j'étais ?

Ce soir, moi, je sais plus que jamais qui je suis.

Je suis Claire qui a vécu en moi durant huit semaines.

Je suis moi qui ai vécu en elle durant huit semaines.

Huit semaines, je l'ai accompagnée dans ses doutes.

Dans ses épreuves. Dans ses joies. Dans ses peines.

Aujourd'hui, Claire et moi, nous faisons une femme.

Les néons du 18ᵉ arrondissement, de leur lumière blafarde, salissent nos visages, Claire.

Que t'importe ce soir ? Que m'importe ce soir.

Je me suis sentie si libre en toi. Si libre dans ton histoire. Ce soir encore, je suis libre.

Encore combien de temps ?

J'ai porté le prénom de Claire. J'ai porté tes vêtements.

J'ai habité ta maison. J'ai pensé tes raisons.

J'ai tenté ta dernière chance.

Le plus simplement du monde, j'ai dit à cet homme :

— Dieu que je t'aime. Ne pars pas.

Puis il est parti.

— Ma vie n'est pas avec toi, j'en suis désolé, j'en suis sûr. Il nous a répondu.

Claire et moi avons regardé s'éloigner cet homme.

Claire et moi, avons gardé cette dernière image de lui, fixée en nous. J'ai gardée cette dernière image de lui, fixée en moi pour l'éternité.

Pas de bruit ce soir. Je n'ai pas envie de faire de bruit ni de dire. Je n'ai pas envie de prendre la parole. Je vis cette histoire qui se termine et c'est tout.

Enfin je suis. Nous sommes.

J'existe.

— Nous allons tourner.

Le réalisateur me regarde. Depuis huit semaines, je sais ce qu'il attend de moi.

Il attend Elle. Il attend moi. Il donnerait sa vie pour que nous arrivions.

Vincent, le réalisateur et moi, nous parlions la même langue. Ces deux mois, nous avons parlé le même langage.

— Je n'ai jamais parlé que ce langage. Je pense en le regardant ce soir.

Vincent se tient debout, à l'autre bout du café. Il nous attend. Il n'y a que ça qui compte pour lui ce soir. Il vit pour Claire. Il vit pour moi.

Vincent m'a offert la liberté, je comprends en le regardant ce soir.

Vincent m'a offert l'existence.

Je n'ai jamais été si sincère que ce soir dans ce café face à Marc.

Dans ce café, j'ai dit je t'aime à cet homme de ma vie, comme je ne l'ai jamais dit à personne dans ma vie.

J'ai ri pour Claire comme je ne sais pas rire pour moi. J'ai pleuré dans sa vie comme je n'oserais le faire dans ma vie.

Pour elle, je suis devenue médiocre, faillible, forte, adroite, maladroite. Pour Elle, je me suis désavouée.

Pour Elle je me suis avouée.

Dans sa vie à Elle, je me suis rencontrée. Quand

elle a tourné le coin de la rue, je me suis croisée. Cette héroïne m'a saluée. Elle m'a souri. Claire m'a invitée. Elle m'a acceptée.

Mon sang coule dans sa vie.

Vincent est le cœur de notre corps Claire. Le réalisateur nous a fait nous rencontrer. C'est lui qui m'a trouvée, moi qui ne m'étais pas perdue.

Moi qui savais si bien où, quand, et qui... J'allais.

Ce soir, c'est le dernier jour de tournage. Ce soir, Claire vivra sans moi. Ce soir, je n'aurais plus d'excuse.

La trêve. Vincent a fait arrêter le combat.

Huit semaines de trêve.

Demain, je vais jouer un autre rôle.

Demain je vais jouer mon rôle. Demain, la trêve sera finie.

Demain, je ne prendrai plus le risque de dire à l'homme de ma vie je t'aime de cette façon.

Demain, j'aurai peur. Demain, je ne rirai plus si clairement.

Demain je n'aurai plus droit à la médiocrité, plus droit à la maladresse...

Demain, il faudra que je sache. Demain, il faudra que je sache faire.

Durant huit semaines, j'ai vécu. Vincent a su faire.

Claire et moi avions arrêté notre temps. Le mien va revenir demain. Il va m'empoisonner demain !

Il va s'accélérer demain.

Dis, toi Claire ? Que vas-tu faire sans moi ?

221

Dans ma vie, il faut se battre. Dans ma vie, « on a rien sans rien ». Vincent m'a offert la vie.
Une vie de huit semaines.

Nous allons tourner cette dernière scène d'intérieur.
Vincent me regarde. Il sait que je sais.
Le réalisateur me donne le droit. Le réalisateur me donne le droit d'être Claire. Il me donne.
Le droit d'être.
Je n'ai jamais été plus moi qu'en n'étant pas moi. Je n'ai jamais aussi peu joué de personnage qu'en jouant ton personnage, Claire.

La légitimité :
C'est comme ça que je l'appellerai désormais. La liberté d'être ; donnée par l'excuse du non moi. C'est ça. C'est la légitimité.

– Action.
Je ne fais rien. La caméra se déplace autour de moi, seule à ma table. Je regarde en direction de la porte qui vient de se refermer sur l'homme de ma vie.
Aucun bruit. Je suis, pleine de ces sentiments contradictoires qui se bousculent dans mon ventre. Claire est seule.
Claire ne veut pas jeter son verre vide sur la porte qui s'est refermée. Claire est simplement un être démuni.
Une vague sourde. Un grondement lointain dans mon ventre.

Le grondement de la vague qui remonte vient serrer ma gorge. Claire n'éclate pas en sanglots. Claire pleure. Elle ne retient plus ses larmes. Je ne les provoque pas.

Ces larmes lui sont offertes. Les larmes inondent son visage.

— Coupé.

Le réalisateur me regarde.

Il sait. Je n'ai pas souffert. Il sait : je n'ai pas confondu sa vie et la mienne. Il sait que Marc n'est pas mon amant. Vincent sait, et je sais que c'est seulement arrivé.

Moi je sais que je veux encore un peu partager la vie de Claire.

— Merci... Il me dit sans voix du fond du plateau Vincent.

Je sais lire sur ses lèvres. Un seul regard m'aurait suffi.

Nous allons passer dehors. Je vais marcher dans les rues de Paris.

Le vent chaud fera voler mes cheveux. Et puis nous aurons fini.

Il y aura alors un chauffeur qui me conduira loin de notre univers. Il y aura alors le moteur de la voiture qui me propulsera à des années lumières de l'univers. Demain, je vais de nouveau enfiler mon costume. Il sera de nouveau si serré ce costume.

— C'est dur de vivre à l'étroit Claire. Toi tu ne le sais pas.

— C'est dur de décider sa vie. « Ta vie est ce que tu en fais. » Ça tu ne le sais pas.

Demain je vais décider.

Tout.

— C'est dur de parler les phrases qu'on écrit soi-même, mais qu'on n'entend pas. Ça tu ne le sais pas toi.

— Ça s'est bien passé ton film ? Il me demandera, lui qui ne te connaît pas.

Les mots vont me manquer, mais je répondrai.

On attendra de moi que je sois moi. Moi est si court.

Qu'a-t-on attendu de toi ? Que réponds-tu quand tu ne sais pas Claire ?

Tu es bien plus maligne. Tu ne dis rien.

Demain...

Je penserai à Claire.

— Claire, Dieu que tu vas me manquer.

Comme un paysan qui aime sa terre. Désespérément, j'aime ton univers.

Comme un pêcheur qui aime sa mer. Désespérément je t'aime.

Tu as été plus forte que moi. Tu vas t'en aller, et je vais rester seule sur cette porte refermée.

Je me promène dans les rues de Paris.

— Coupé.

— C'était le dernier plan de Sylvie.

L'équipe applaudit. Longtemps. Claire et moi sommes une seule et même personne l'espace d'une seconde encore. Puis Claire tire sa révérence.

Si vite ? Ne peux-tu pas rester encore un instant ? Je

voudrais lui demander. Mais la vie est trop forte. La vie emmène Claire si loin. La vie éloigne Claire. Je ne la vois presque déjà plus. Vincent me serre dans ses bras. Vincent et moi, nous avons vécu cette aventure. Je voudrais encore qu'il me protège.

— Non ! Ne m'abandonne pas, je t'en supplie. Je veux à présent demander à Vincent.

— Un miracle. Bravo. Il me dit le réalisateur. Il est si content. Il est si triste. Les mots lui manquent. Je comprends.

Je voudrais prier. Je ne veux pas qu'il m'abandonne. On ne donne pas la vie en la retirant si vite ensuite ? Je veux recommencer. Mon ventre est déchiré. Je souffre. Je veux rester là. Ne plus bouger. Ne plus penser. Être là. L'écouter, lui. L'écouter parler d'elle. Nous sommes amoureux de la même femme. Nous sommes amoureux de Claire.

Je ne dis rien.

Il est tard. Nous ferons la fête de fin de film demain.

Je les regarde. Ils sont les anges gardiens. Ils connaissent le secret.

— Je vous aime.

J'aime les anges gardiens. Si fort. Pourquoi ne l'ai-je pas osé avant de monter dans cette voiture ? Ces trois petits mots qui me pèsent maintenant si lourdement de ne pas les avoir donnés...

J'ai souri. Poliment. J'ai dit :

— Merci. Merci beaucoup.

Demain, lorsque la commerçante me rendra la monnaie, je lui répondrai :

— Merci. C'est comme ça que je réponds, moi, quand on me rend la monnaie.

La voiture roule dans les rues de Paris. La voiture me reconduit d'où je viens.

Ai-je fait un rêve ?

Je vais fermer mes yeux. Je vais attendre. Je me tiendrai là. Je vais faire comme d'habitude, mais je sais qu'il viendra... Je vais attendre qu'un autre rêve m'envahisse...

Sommaire

Composition réalisée par NORD COMPO

Achevé d'imprimer en septembre 2003
sur presse Cameron
dans les ateliers de
Bussière Camedan Imprimeries
à Saint-Amand-Montrond (Cher)

51-27--1497-0/03

ISBN 2-720-21497-3

Dépôt légal : septembre 2003.
N° d'édition : 34958. – N° d'impression : 034229/4.

Imprimé en France